JN331155

市民力ライブラリー

つくろう議員提案の政策条例

自治の共同経営者を目指して

松下啓一・今野照美・飯村恵子◎著

萌書房

〈市民力ライブラリー〉の刊行によせて

近年とみに、価値の流転が著しい。主権国家ですら、その存在意義が問われる時代にあって、政府と市民の関係も変容を免れない。豊かさの指標が、人の温かさや思いやりにまで広がってきたこととも関係するが、政府と市民の関係を二項対立的にとらえるだけでは、市民の豊かな暮らしは創れない。対峙するだけでなく、ある時は協力、協調し、またある時は競争、競合するといった、重層的・複合的な関係性のなかでとらえていく必要があるだろう。これは市民にとって、自らの力が試されることでもある。こうした市民の力を発掘し、育むのが、〈市民力ライブラリー〉である。

市民力の同義語は、民主主義だと思う。私たちは、民主制社会に暮らしているが、アテネの昔から、この制度は扱いが難しい仕組みである。気を抜くとあっという間に崩壊し、人々を傷つけることになる。民主制が有効に機能するには、市民一人ひとりの自律性と、共同体の事柄を我がことのように思う貢献性が求められるが、民主主義のありようが問われている今日だからこそ、市民力を基軸に新しい社会を創っていこうではないか。
〈市民力ライブラリー〉と銘打ったのは、今後も継続するということである。市民にとって有用な知識や知恵を間断なく提供し続けたいと思う。それには、持続可能なシステムとたゆまぬ努力が必要になる。商業出版であることを意識し、その強みを活かしたと思う。〈市民力ライブラリー〉であるから、論者は研究者にかぎらない。さまざまな市民力の書き手が現れることも期待している。

松下啓一

二〇〇九年五月

はじめに

地方議会・議員には、執行部の監視機能と政策提案機能の二つの役割がある。

このうち、地方自治法が想定するのは、執行機関（市長等）をチェックする機能である。議会は議事機関（憲法第九三条）であるから、執行と密接に関連する政策提案には、おのずと手を出しにくい。しばしば地方議員を会社の監査役になぞらえるが、確かに現行制度を素直に読むと、地方議会・議員の役割は、監視機能である。

ところが地方分権が具体化し、地方財政が厳しさを増すなかで、監視だけは議会は、市民から信用されなくなった。議員は、高い給料をもらっている割には、仕事をしていないと思われるようになってきたのである。その不満が、議員定数の削減という方向に向かっているが、このままでいくと、議員は監査役であるから三人でよいというところまで押し込まれてしまうだろう。

同時に、議員のボランティア化という議論も根強く主張されるようになった。これは、「議員たるものは、まちのことを考え、市民のために活動してほしい」という市民の素直な思いの表現であるが、ボランティア化というのは、結局、議員になれるのは、ボランティアができるお金持ちや年金暮らしの定年退職者だけということでもある。

このままでは、地方議会・議員は、多元的な価値を体現し、多様な市民の思いを代弁する機能を失ってしまうのではないか。ここで踏ん張らないと、価値の相対性を基本原理とする民主主義が崩れてしまうことになるのではないか。これが本書の問題意識である。

踏ん張る試みのひとつが、地方議会・議員の政策提案である。揚げ足取りの批判ではなく、自治経営という観点から、まっとうな政策を提案し、対案を提起する機能である。見せかけの改革姿勢だけでは、信頼を取り戻せないところまで追い込まれていることを考えると、真正面から政策提案をとらえて、地方議会・議員の存在意義を示す必要があるだろう。こうした実践を積み重ねることによって、議員は、監査役から自治の共同経営者に転身することになる。

議員を自治の共同経営者に位置づけると、いろいろなものが違ってくる。議会の情報公開や提供、議員の説明責任も、これまでと質が違ってこよう。議会におけるやり取りも、経営者としての経営方針や経営活動を論じる場になってくる。執行部が持つ反問権の意味も明確になってこよう。また新たな仕組みをできてくる。自治経営を議場や役所内部で論じるだけでなく、首長と議員が市民の前に出て行って、市民の前で論じる仕組みも開発する必要があるだろう。可能性が大きく広がることになる。

むろん、現行制度の壁や議員は限られた資源・権限しか保有していないという厳しい現実はよく承知しているが、だからこそ、頑張りどころなのだろう。そのための展望を示し、厳しい現実を乗り越える技術や手法を紹介するのが本書のねらいである。

本書を参考に、全国の地方議会で地域性にあふれ、市民の幸せの実現につながる政策条例がつくられることを大いに期待したい。そして、本書が、自治の発展に少しでも寄与することになれば、著者として望外の幸せである。

松下　啓一

二〇一一年二月

つくろう議員提案の政策条例——自治の共同経営者を目指して——＊目　次

〈市民力ライブラリー〉の刊行によせて

はじめに

Ⅰ　なぜ議員提案の政策条例なのか――分権・協働時代の地方議会……3

1　地方自治法のなかの議会……3

(1)地方自治法の規定事項（3）／(2)監視機関としての役割（5）

2　分権・協働時代の地方議会……6

(1)地方分権の意味すること（6）／(2)協働とは（9）

3　自治基本条例をどのように受け止めるのか……14

(1)自治基本条例とは何か――二つの考え方（14）／(2)何が課題なのか、どのようにまちをつくるのか（16）／(3)野球は九人でする――協働ということ（17）／(4)つくり方が決まってくる（18）／(5)議会主導による自治基本条例づくり（飯田市）（19）／(6)自治基本条例づくりの実践から――いいたい市民から聞ける市民に（21）

4　地方議会・議員のなすべきこと——政策条例を提案する……24
⑴地方議会・議員の進むべき方向（24）／⑵地方議会・議員がすべきこと（28）／⑶条例の意義（33）

Ⅱ　議員提案の政策条例——現状と課題……39

1　議員提案の政策条例……39
⑴政策条例とは何か（39）／⑵典型的な政策条例（40）／⑶議員提案の政策条例（42）

2　議員提案の政策条例の現状——調査結果から……45
⑴調査の概要（45）／⑵議員提案の政策条例の分類（47）／⑶制定の要因（48）／⑷検討期間（51）／⑸検討体制（54）／⑹企画・立案、検討にあっての調査（60）／⑺説明の機会（63）／⑻執行部との調整（64）／⑼法務について（69）／⑽条例制定の経費（72）／⑾条例の策定過程への市民参加（72）／⑿市民へのＰＲ・情報提供（75）／⒀調査のまとめ——議員提案の政策条例の充実のために（78）

Ⅲ　議員提案の政策条例——考え方、つくり方……81

1　やってはいけないこと……81
2　よい政策条例をつくるための四つのテスト……86
(1)よい政策条例をつくるには（86）／(2)条例づくりで力を入れる部分はどこか（86）／(3)よい議員提案の政策条例をつくるための四つのテスト（88）
3　政策条例をつくるための政策法務の基礎知識……90
(1)議員ならではの政策法務力とは（90）／(2)条例所掌事項であること（92）／(3)憲法の基本的人権の保障に抵触しないこと（94）／(4)法律の範囲内であること（96）／(5)公平・バランス、つまり総合的調和が取れていること（99）
4　実際によい条例をつくる技術——一〇のポイント……101
(1)条例検討チェックリスト（101）／(2)一〇のポイント（101）
Ⅳ　議員提案の政策条例の足元から——二つの提言……115
1　地道な条例づくりから——一部改正条例の改革……115
(1)何が問題なのか（115）／(2)これまでの方式——改め文方式の意義と課題（117）

／(3)新たな試み――新旧対照表方式の意義と課題（122）／(4)どのように考えるか――自治のあり方から（126）／(5)新旧対照表方式の推進にあたって（128）
2　政策条例づくりに市民参加を――有効な参加技法……129
(1)議会基本条例の策定過程（129）／(2)無作為抽出型市民参加方式（134）／(3)ワークショップをやってみよう（140）
おわりに　147

つくろう議員提案の政策条例

――自治の共同経営者を目指して――

Ⅰ　なぜ議員提案の政策条例なのか——分権・協働時代の地方議会

1　地方自治法のなかの議会

(1) 地方自治法の規定事項

地方自治法は、全部で四〇〇近くの条に及ぶ大法典である。議会については、第二編第六章に第八九条から第一三八条まで規定されている。その内容（節）は、組織、権限、召集及び会期、議長及び副議長、委員会、会議、請願、議員の辞職及び資格の決定、紀律、懲罰、議会の事務局及び事務局長で構成されているが、これだけを見ても、議会の組織や運営方法について、実に詳細に規定されていることが分かる。本来、各議会が、それぞれの事情に応じて自律的に決めるべ

表１　地方議会の権限（監視機能）

権　限	概　要
議決権	自治体の意思決定として，長から提案された案件を議決する権限
検査権	市が処理する事務の管理，議決の執行及び出納を検査する権限
監査請求権	議会が監査委員に対して，市の事務に関する監査を求め，その結果の報告を請求する権限
調査権	①100条調査権…市が処理する事務について調査ができる権限 ②専門的知見の活用…学識経験者等に調査をさせることができる権限
同意権	長がその権限に関する事務を執行するにあたり，その前提として議会の議決により同意をする権限
承認権	権限を有する執行機関が処理した事項について，事後に承諾を与える権限
請願・陳情を受理し，処理する権限	住民の要望を請願書・陳情書といった形で受理し，これを処理する権限
報告，書類の受理権	執行機関の処理する事務について，議会へ一定の報告を求める権利。また，必要な書類の提出を請求する権利
諮問に対する答申権	長がある事項を決定する際に，公正な第三者としての議会に諮問すべきことを定めている場合の諮問に答える権限
長への不信任決議権	長と議会に対立が生じ，行財政運営に支障をきたした場合に，住民に審判を委ねる権利
選挙管理委員の罷免権	選挙管理委員の心身の故障，職務上の職務違反等を認めるときは，議決により罷免することができる権限
議員派遣	地方議会の活性化のため，会期中の議会活動等に加え，議会として議員を派遣し，調査・研修等の活動を行うための権限

き議会運営に関する事項が、手取り足取り（がんじがらめに）、全国一律で規定されているのである。なかには「普通地方公共団体の議会の会議又は委員会においては、議員は、無礼の言葉を使用し、又は他人の私生活にわたる言論をしてはならない」（第一三二条）などといった「そこまで言うのか」という条文もある。

これら規定には、昭和二二年に地方自治法がつくられた当時の地方議会・議員に対する評価がいみじくも投影されているといえよう。

(2) 監視機関としての役割

議会には執行部の監視機能と政策提案機能があるが、現行制度は、監視機能が基本となっている。それを裏付けるものが、地方自治法に詳細に規定されている議会の議決権、検査権、監査請求権、調査権等の規定である（**表1**）。また、条例提案権、予算編成・提出権等をバックとする執行権を首長が持っていることを考えると、議会の政策提案機能は限定的に考えざるをえないだろう。

2　分権・協働時代の地方議会

ところが、近年、こうした受動的、消極的な地方議会・議員像が揺らぎ始めている。

(1) 地方分権の意味すること

・これまでの一〇〇年、これからの一〇〇年

その大きな転換点となったのが、二〇〇〇年（平成一二年）から施行された地方分権である。地方分権については、地方自治を語るときの枕言葉のようになっているが、忘れてはいけないのは、地方分権とは単に地方に権限が下りてくるといった単純な話ではないことである。地方分権は、これまで明治以来、約一三〇年間続いてきた日本の社会システムを根本からくつがえす大改革である（だから明治維新、戦後改革に続く第三の改革といわれる）。

これまでわが国は、明治維新以来、中央（国）が考え、地方が実行するという役割分担でやってきた。国、都道府県、市町村、市民の位置づけは、上下関係、縦系列である。こうした中央集権型システムは、短期間で国を豊かにするには有効な方法で、実際、わが国は、このシステムで

図１　地方分権の意味すること

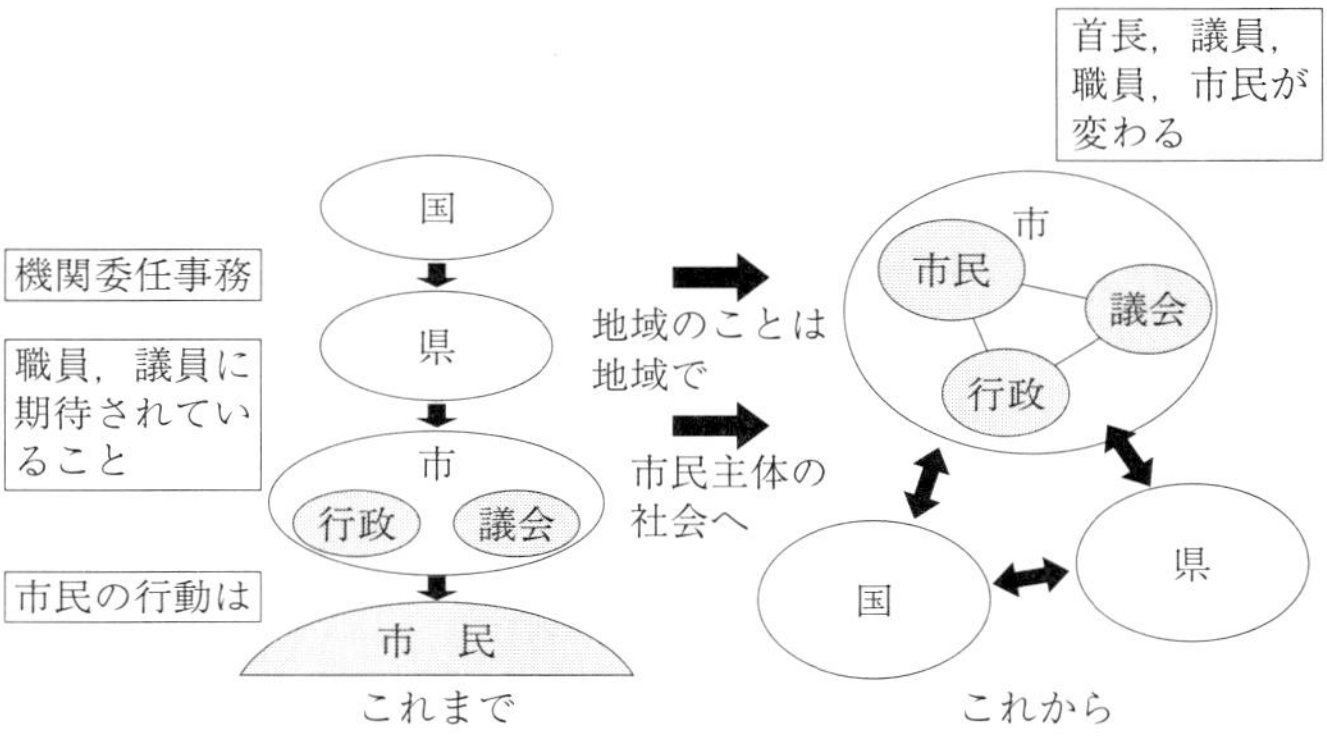

急速に経済発展を遂げ、「豊かな」国になった。しかし、一定の豊かさを達成した二〇世紀の終盤から、このシステムは機能不全を引き起こすようになったのである。

そこで、これまでの中央ですべて決定する中央集権型・縦系列のシステムを改め、国、都道府県、市町村を並列の関係に位置づけ、そこに市民が主体的に関わるという社会構造に転換しようとするのが地方分権である。国は国際問題、都道府県は広域問題、市町村は地域の問題を担当することになるが、地域のことは、役所、市民、地方の議員が一緒になって、考え、実施していくことになる。ここで自治の担い手としての議員の役割は重要になる。

・議会権限の広がり――条例制定権

地方分権一括法によって地方自治法が改正される

表2　自治体の事務（法律上の取扱いの違い）

	機関委任事務		自治事務	法定受託事務
条例制定権	不可		法令に反しない限り可	法令に反しない限り可
地方議会の権限	●検閲，検査権等は，自治令で定める一定の事務（国の安全，個人の機密に係るもの並びに地方労働委員会及び収用委員会の権限に属するもの）は対象外 ●100条調査権の対象外	⇒	原則及ぶ （地方労働委員会及収用委員会の権限に属するものに限り対象外）	原則及ぶ（国の安全，個人の秘密に係るもの並びに地方労働委員会及び収用委員会の権限に属するものは対象外）
監査委員の権限	自治令で定める一定の事務は対象外	⇒	原則及ぶ	原則及ぶ
行政不服審判	一般的に，国等への審査請求が可		原則国等への審査請求は不可	原則国等への審査請求が可
国等の関与	包括的指揮監督権 個別法に基づく関与		関与の新たなルール	

（資料）　地方分権推進本部資料を基に作成。

以前は、自治体が行っていた事務は、公共事務、団体委任事務、行政事務と機関委任事務に大別されていた。このうち、機関委任事務は、国の事務であることから、自治体は条例を制定することができないとされていた。

　改正後は、自治体の事務・権能を幅広く認め（第二条②）、これを自治事務（第二条⑧）と法定受託事務（第二条⑨）に区分して、機関委任事務は廃止された。自治事務、法定受託事務とも、自治体の事務なので、法令に違反しない限りにおいて条例を制定できることになった。また、自治体が、義務を課し、又は権利を制限する場合は条例によらなければならないことも明確になった（第一四条②）。

このように、議会の役割が大きく変化し、条例制定権の範囲も大幅に広がった（**表2**）。

(2) 協働とは

・協働とは何か——一緒に汗を流すこと？

最近では、協働という言葉が、広く使われるようになった。ただ、その使われる意味は限定的で、そもそもなぜ協働がいわれるようになったのかという出発点が曖昧になっている。

一般に協働というと、行政と市民が一緒に汗を流すという意味で使われる。確かに「協力して働く」という言葉から、一緒に汗を流すことを連想するのは無理もないところである。しかし、協働をこのように狭く考えると、問題の本質を見失ってしまう。

協働の本質は、市民参加との違いを考えるとよく分かる（**図2**）。

両者の違いは、誰がイニシアティブを取るかである。市民参加は、もっぱら行政がイニシアテ

図２　参加・参画と協働の違い

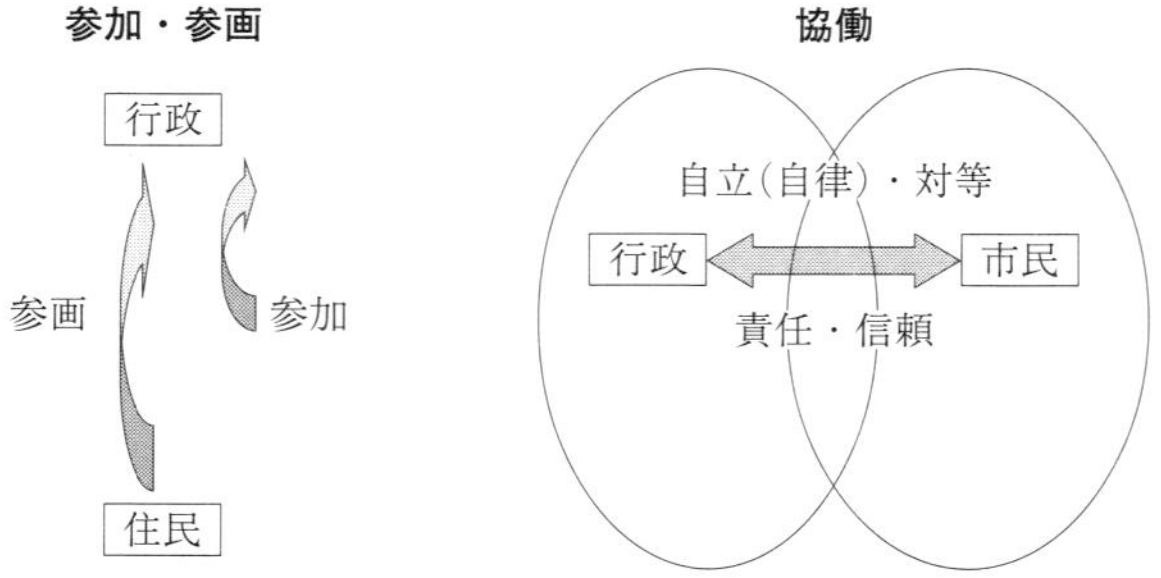

ィブを取り、そこに市民が加わることをいう。これに対して、協働とは、市民（自治会・地域団体、ＮＰＯ、企業市民も含む）も公共主体になるという考え方で、市民自身がイニシアティブを取って、行政とは対等の立場で、政策づくりや実施に関わることをいう。大事なことは、協働の本質は、「市民を公共主体として位置づける」ということである。

そこから、協働には、「一緒にやらない協働」というのもあると考えているが、要するに、協働の本質は、まずは自立（自律）で、そこから対等、責任、信頼が出てくるということである。行政と市民が、一緒に汗を流す場合もあるが、大半のケースでは、それぞれが無関係に、自分たちで公共的な活動を行う場合が多く、しかし、ともに公共を担っているという意味で、これも協働と考えるべきだろう。

この点については、『市民協働の考え方・つくり方』（萌書

図3　協　　働

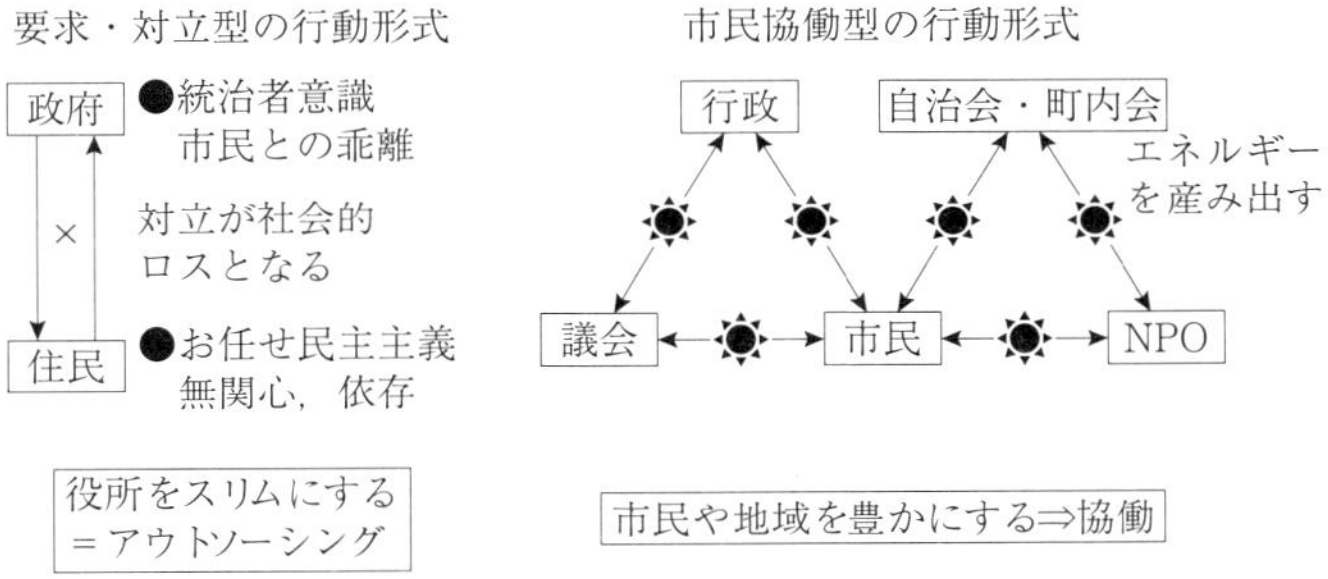

房、二〇〇九年）に詳しく書いたので、こちらを読んでほしい。

・協働の社会的意義——新しい社会をつくるエネルギー

協働には、さまざまな意義・波及効があるが、ここでは、協働という考え方は、新しい社会をつくるエネルギーになるという点を指摘しておこう。

従来の要求型・対立型という行動形式は、最低保障が十分でない時代で、右肩上がりの時代には、政府と市民の相互のぶつかり合いが、成長の原動力となった。市民の要求に対して、政府が一生懸命応えていくなかで、豊かな社会が実現されてきた。

ところが、成熟時代になると、こうした対立、要求は、成長のバネにはならず、むしろ大きな社会的ロスになる。協働とは、要するに、これまでお役所任せであった市民が、公共的なことに関わり、そこで新しい世界を知ること、その発見やそこでの行動をパワーとする考え方である。同時に、行政、議会も市民のために存在していることを改めて確認して、市民のために、そのパワーを大いに発揮するものである。こうしたパワーを束ねて、大きなエネルギーとして、持続可能な新たな社会をつくっていこうというのが市民協働の意味するところである。協働のキーワードは信頼でもあるが、実際、信頼があれば、保険をかけるというロスも少なくなる。

こうした新しい社会づくりは、一定の豊かさを実現し、市民の層が厚い日本でなければできないことである。それを地域からやっていこうというのが、協働という自治体プロジェクトである。

・市民協働プロジェクトのポイント

このプロジェクトは、明治維新以来、一三〇年以上にわたって続いてきた従来のシステムを変更するものであるので、そう簡単には進まない。机上で絵を描くだけではなく、市民、行政（長、職員）、議会・議員が、それぞれが現場で、当事者意識を持って、具体的に実践していきながら進めていくしかないであろう。私自身も、試行錯誤の繰り返しであるが、現時点で気がついた点をまとめてみよう。

このプロジェクト運営は、対立型、要求型、依存型にならず、自治の関係者が、その持てる力を存分に発揮して、そこから新たなエネルギーが生まれてくるように設計・運営していくことである。

①　市民（地域団体、ＮＰＯも含め）が、自立（自律）し、他の市民や行政等と協力、連帯しながら、公共的なことに関わることがエネルギーになるように、仕組みをつくり、運営していくのが基本である。協働では、行政や議会・議員は黒子という意見もあるが、こうした舞台装置づくりを行う重要な責任者である。

②　行政が、その持てる能力・資源を市民の幸せ実現のために発揮できるように、既存の仕事を見直し、少しずつ変革していくことである。また、行政の変革が市民に見えると、市民自身の自立（自律）や連帯にも弾みがつく。

③　議会・議員は、市民にその役割、重要性を再確認してもらえるように、新たな努力が必要である。議会内部の改革もあるが、基本は市民との対話、協力である。そこから新しいエネルギーが生まれてくる。

協働プロジェクトの基本は、これらが総和し、相乗効果を発揮して、大きなエネルギーになるように運営していくことである。

3　自治基本条例をどのように受け止めるのか

全国で自治基本条例がつくられ始めている。正確な総数はよく分からないが、すでに二〇〇以上の自治体でつくられていると思われる。他方、自治基本条例の制定をめぐっては、その内容が議会・議員に及び、また市民主導で条例がつくられること等から、議会・議員との摩擦、軋轢が生じている事例も散見される。この自治基本条例をどのように受け止めるのかである。

(1) 自治基本条例とは何か——二つの考え方

自治基本条例とは何かをめぐって、二つの考え方がある。

第一は、自治基本条例は、自治体政府をコントロールするための法規範と考える立場である。しばしば自治基本条例は、自治体の憲法であるとされ、市民に対しても、「自治体の憲法をつくろう」と呼びかけて、検討が始まることが多い。もともと近代憲法の成り立ちが、行政の専横から市民の自由を守るためであることを考えると、自治体政府の活動を規制する事項を規定した自治基本条例は、自治体の憲法という名にふさわしいことになる。

なお、この立場では、実際に自治体の憲法にふさわしいものをつくれるのかという次の難問がある。憲法第九四条の「法律の範囲内」をめぐる問題である。自治体の憲法をつくろうという立場に立ちつつ、結局、「日本では、法の規律密度が高く、事実上つくれない」という意見もあるが、それではあまりに無責任である。

わが国における本格的な自治基本条例は、平成一三年四月施行の北海道ニセコ町まちづくり基本条例を嚆矢とするが、この条例には、市民が行政をコントロールするためのルールや手続きが、ふんだんに規定されている。

第二が、自治基本条例は、行政や議会を市民のものにするとともに、市民が、元気でその力を存分に発揮できるようなルールや手法と規定するという立場である。これは、行政の専横から市民の自由を守るという消極的な内容にとどまらず、役所や議会を市民のために働く組織・人に変えていこうという積極的な立場である。あわせて、自治の主役である市民（自治会、ＮＰＯも含む）が、新しい公共の担い手として、その力を存分に発揮できるようにすることも内容である。この立場からは、自治基本条例には市民の自立性・自律性に関する事項や自治会・ＮＰＯ等の存在意義・活動促進に関する規定も書かれることになる。

(2) 何が課題なのか、どのようにまちをつくるのか

どちらの立場によるかは、今、自治体（役所という意味ではない）が抱える課題は何か、自治体に何を期待するのかという問題意識の違いが影響する。

役所や議会こそが問題で、そこを改善すれば市民が安心して暮らせる社会が実現すると考えれば前者の条例になる。他方、確かにそれも重要であるが、あわせて市民（自治会、ＮＰＯも含む）自身の課題も重要で、この点の再構築も必要だと考えると、後者の自治基本条例になる。

私は、後者の立場である。

市民が集まって自治体をつくる目的は、安心して暮らせるまちをつくるためであるが、全国どこに行っても、市民の関心事は、地域の安全と福祉である。全国で子どもをねらう卑劣な犯罪が発生して、子どもを安心して外で遊ばせることができない。経済的な不安やコミュニティの崩壊があいまって、高齢者や障害者が安心して暮らせなくなっている。これらを解決して、安心して暮らせるまちになってほしいというのが、市民の切実な思いである。

こうした課題を、誰が、どのように解決するのかである。いうまでもなく、政府を規制しただけでは不十分で、役所や議会が、その拠って立つ原点に戻って、市民のために大いに頑張るとともに、市民自身も、自らその力を大いに発揮するなかで、それぞれが力を合わせていくしか、解

決方法はないと思う。

そのためには、役所、議会だけでなく、市民も含めた自治体のメンバーが、その持てる力を十分に発揮できるように、行動原則を定め、具体的な制度や手続き、仕組みを用意することが必要である。それが自治基本条例である。

(3) 野球は九人でする——協働ということ

このような自治基本条例であるから、当事者たちが、自治基本条例の意味や価値を容易に理解でき、共感できるように語りかけなければいけない。

私は、それを「野球は九人でする」といっている。つまり、今までは野球（自治・まちづくり）は、内野（役所）と外野（議会）だけやっていた。市民は、観客席にいて、試合を見物していたのである。それでも、税収が毎年アップし、右肩上がりの時代ならば、野球になったかもしれないが、地方分権が具体化し、人口減少・高齢化が進み、税収が大幅に減少する今日では、観客席にいた市民も参加して、九人で野球をやらなければ、試合に勝てないのである（安心して暮らせるまちをつくれない）。これは協働ということでもある。

そして、九人で野球をやるには、共通のルールが必要になる。どこまでがセカンドの守備範囲で、どこからがライトの守備範囲なのかをルール化しなければならない。セカンドとライトがボールを追いかけていき、お互い、相手が捕るだろうと思って、間にポトンと落ちてしまうことがあるが、ボールを捕るほうが、「マイボール」と声を上げるルールである。だから自治基本条例には議会のことも書かれるのである。とりわけ議員は、イチローである。議員は、イチローのように活躍してほしいとの期待を込めて、自治基本条例に規定されるのである。

目標は試合に勝つこと、つまり、みんなが幸せに暮らすこと、このまちに住んでよかったと思えるまちをつくることである。その目標に向かって、みんなで一緒に野球をやるルールが自治基本条例である。

(4) つくり方が決まってくる

自治基本条例の意義をこのように考えると、つくり方も決まってくる。私は三つの原則を提案している。

第一は、内容が十分に記述されていること。つまり、野球の九人（行政、議会・議員、市民）が、動けるように内容が記述されていることである。自治体といってもさまざまで、東京都青ヶ島村のように人口一九〇人の村と人口三六八万人の横浜市まである。野球の九人の動きは自治体ごとに違ったものになる。だから、他のまちの条例を持ってくればいいというものではない。自分たちのまちにふさわしいルールを自分たちでつくらなければならない。

第二は、条例の内容が自治の担い手たちの身に付いていること。つまり、みんなが自分たちのルールだと思っていることが大切である。自治の関係者が関心を持ち、自分たちのルールと自覚できるように自治基本条例はつくらなければいけない。

第三は、実効性が十分担保され、動く条例だということ。形だけの条文をつくっても意味はない。これは時間の無駄、税金の無駄である。厳しい時代にあって、そんな無駄なことをやっている余裕はないはずである。みんなが実際に幸せになるルールをつくらなければいけない。

このような条例であるから、行政と議会・議員だけでつくってはだめなのである。他から条例をコピーして持ってきても、そのまちにふさわしい条例にはならないのである。自治の主役である市民が、自分たちの問題として考えつつ、多くの市民を巻き込みながら、つくっていくことになる。議会・議員においても、市民が主体的に関わるという意味を理解する必要がある。

(5) 議会主導による自治基本条例づくり（飯田市）

議会主導で自治基本条例を制定したのが飯田市である（平成一八年）。

制定の動機は、議会の危機意識である。これまでのように行政を監視しているだけでは議会の存在意義が危うくなるとの問題意識から、飯田市議会では、平成一四年から本格的な議会改革に取り組むこととなった。議会のあり方を考えていくと、市民、行政、議会の役割分担の問題に行きつくが、その役割を決めるルールとして自治基本条例の制定を目指すことになった（自治基本条例は、行政の統制だけを考えたものではない）。

策定プロセスを見ると、平成一六年から学識経験者、市民、議員、行政職員二四名で構成される「わがまちの憲法を考える市民会議」を発足させて検討を開始している。これは自治基本条例の策定段階から、自治の担い手たちが当事者として参加することが大切だからである。市民については公募で、課題論文により選考し、八名が市民会議のメンバーとなっている。

市民への周知、説明も、丁寧に行われている。ホームページへの掲載、議会だよりの発行などのほか、地区説明会が注目される。これは市内二〇地区で、議員自らが市民に素案等を説明するもので、ここには延べ三一〇〇名を超える市民が参加している。その後、パブリックコメントやシンポジウムも開催し、市民の理解を深めるための取組みが重層的に行われている。

行政との連携が密に行われている点も特色である。市民会議には、企画課長等の行政職員も参加している。議会・議員の弱点である法務・法制分野を支援するため、法制担当の職員が議会事務局に加わっている（兼務）。また市議会での検討の際には、市長部局の関係職員の出席を依頼するとともに、答申や条例原案が出た段階で、市長に提出し、市長部局における検討と意見を求めている。自治基本条例を執行する行政も、当事者として巻き込む取組みである。

飯田市議会において、こうした本格的な取組みが、平成一六年ころから行われていたことには驚かされる。

(6) 自治基本条例づくりの実践から――いいたい市民から聞ける市民に

全国で自治基本条例がつくられていくなかで、市民の新しい動きが生まれている。

流山市や米子市では、市民会議のメンバーが、他の市民の意見を聞きながら条例をつくっていく方式を実践した（市民ＰＩ方式：市民パブリック・インボルブメント方式）。

志ある市民が集まって、自治基本条例の検討を始めるが、その際の彼らの問題意識は、自分たちは、市民代表ではないということである。市民代表として、市民から信託されたのは、あくまでも議員、市長である。自分たちは、まちのために、何かやりたいという熱意はあるが、市民の信託を受けてはいないという思いが出発点となる。

そこで市民は考える。確かに自分たちは信託されたわけではないが、多くの市民の意見を聞き、

図４　自治基本条例の内容

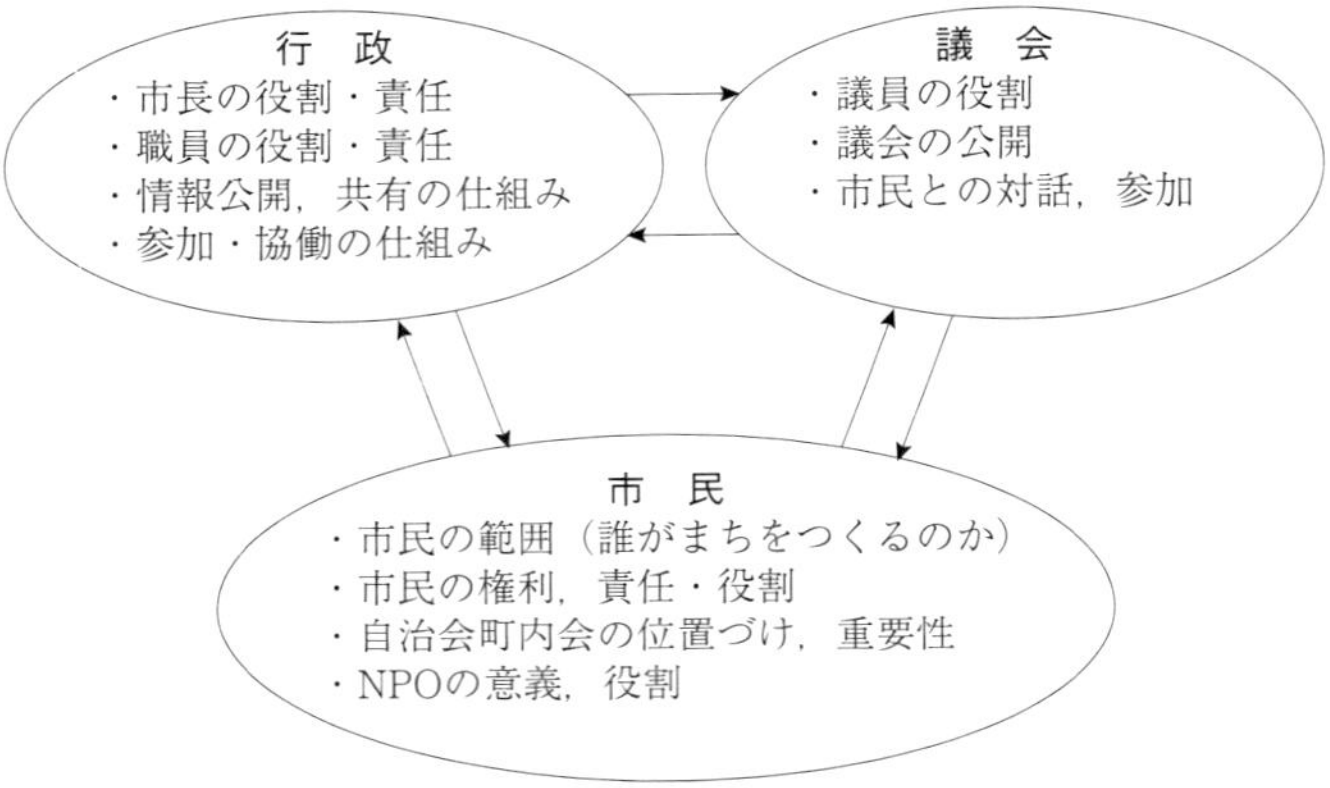

それを咀嚼して、案をつくれば、市民全体の案になるのではないか。市民代弁性を獲得できるのではないか。そこで、市民会議のメンバーは、まちに出て、市民の話を聞き始めるのである。流山市では、三十数名の委員が、自治会等の集まりがあれば出かけて行って、自分たちの考えていることを語り、市民の考えていることを聞いて案をつくっていった。米子市では、市の担当者が、「もう、これくらいでいいのではないか」と止めに入るくらい、まちへ出て行った。これは市民自身が、「いいたい市民」から、「聞ける市民」へ転換していったということである。

ただ、流山市や米子市で行った市民ＰＩ方式は、画期的であるが、あまりに労力等の負担が大きいので、その改良版をいくつか試みている。

小田原市の場合は、オープンスクエア方式である。オープンスクエアは、検討委員会に参加できない一般市民が集まって議論する機会である。実際、小田原市の検討委員会のメンバーは、オープンスクエアの意見を大切にしながら、案をまとめていった。同じような方式で現在進めているのが、愛知県の新城市で、ここでは茶話会方式といっている。

このように検討委員会のメンバーが、一般市民の意見を聞きながら案をまとめていくやり方は、まちごとにさまざまであってよく、それぞれのまちにふさわしい方式を採用していけばよいだろう。工夫すれば、いくらでも実践的な方式が開発できると思う。

私たちが暮らす民主主義社会とは、自らも主張するとともに他者の意見も聞きながら、よりよい答えを出していく社会である。自治基本条例づくりは、こうした民主主義を現場で実践する機会である。こうした市民が増えてくることは、間接民主制と矛盾するものではなく、むしろ二元代表制の基礎をさらに強固にしていくことになる。このような市民の動きをリードし、後押しするのが、自治の共同経営者としての議会・議員の役割である。自治基本条例を消極的に受け止めるのではなく、むしろ積極的に関わっていくべきだと思う。

4　地方議会・議員のなすべきこと——政策条例を提案する

以上の動向を受けて、地方議会・議員のなすべきこと、進むべき方向が明らかになる。

(1) 地方議会・議員の進むべき方向

・民主主義の学校の教師として

「地方自治は民主主義の学校」（J・ブライス）といわれる。これは市民自身が、身近なまちの課題に対し、自律的に関与し、公共的な態度で臨むという実践を重ねることで、民主主義を自分たちのものにできるからである。

民主主義の学校において、議員は教師の役割である。

議会は、多数の議員で構成されており、多元的価値を体現できる。その強みを実地で活かすことが期待される。特に期待されるのは、市民が地方自治を実践で学ぶ機会をつくる役割である。

政策現場に出るとよく分かるが、市民は実にさまざまである。公共課題に関心を持ち、積極的に関わる市民もいる反面、公共的なことに関心の乏しい市民も多い。自己の立場だけを強引に主張する市民もいる。むろん、私自身はすばらしい市民と一緒に仕事をいくつもしたから、「国民は政策の総合的批判者ではあり得ても、一貫性、展望性をもって個別の政策を企画・立案・決定する余力や能力は持っていない」（原田尚彦『地方政治の法としくみ』学陽書房、二〇〇二年）という考え方には与しないものの、残念ではあるが、ひとつの現実である。

市民は主権者であり、自治体政府を民主的に統制するというのが、従来の住民自治のとらえ方であるが、その肝心の市民自身が、しっかりと自立（自律）していないと、とても民主的統制などできるものではない。議員が地域課題の争点、対立軸を市民に示すことで、市民自身が自ら考え、判断する機会（真の意味での住民自治）をつくることで、民主主義の担い手である市民を鍛えることができる。今、それが最も必要とされている。

・議員はイチローである

自治経営の基本を分かりやすくいうと、「野球は九人でやろう」である。

これまでならば、役所（行政）つまり内野の六人に任せていれば野球ができた。ところが、これからは全員野球でないと、この厳しい難局を乗り切れない。日本はＷＢＣで連続して優勝したが、その原動力となったのが全員野球である。

ポイントはいくつかあるが、まず、これまで観客席で見ていた市民が、グラウンドに下りて一緒に野球に参加することである。傍観者から自治の当事者に変わることである。議員には、観客席にいた市民をグラウンドに連れ出す役割がある。

外野にいる議員の役割はとりわけ重要である。議員はさしずめイチローである。ライトのイチローは、レーザービームで走者を三塁タッチアウトにする。WBCでは、イチローがリードして日本を優勝に導いた。議員は、自治のリーダーとして、チームをリードするのが役割である。資源・権限の乏しい自治体では、九人野球でしか、野球に勝つ（よいまちをつくる）ことはできないからである（九人野球をまちのルールにしたのが自治基本条例である）。

・自治の共同経営者として

現行制度上は、地方議会・議員の主たる役割は、監視機能である。それゆえ従来は、政策提案は、議員自らが企画するのではなく、執行部に働きかけ、やらせるのが議員の実力とされてきた。政策提案は、少数会派や執行部を動かせない若手のやることと考えられていたのである。

これに対して、政策提案を重視する考え方は、議員を自治の共同経営者とするものである。個人技をチーム（自治体）全体のために使うことになる。この発想は、現行制度から考えると違和感があるかもしれないが、例えば、アメリカなどでは、議会の代表者（議長）が市長となる制度も珍しくない。この制度のもとでは、議会・議員が自治経営を行っているということであり、議員が自治の共同経営者であるというのは、別に不思議なことではない。

議員を自治の共同経営者に位置づけると、いろいろなものが違ってくる。地方議会の情報公開・提供や議員の説明責任も、これまでとは質が違ってこよう。議会におけるやり取りも、同じ経営者として、首長と議員が経営方針や経営活動を論じ合う場になる。新しい仕組みもできてくる。自治経営を議場や役所内部で論じるだけでなく、市民の前に出て行って、市民の前で論じる仕組みも開発されてくるだろう。可能性が大きく広がることになる。

ただ、現行の地方自治法の枠組みにとどまっていると、政策提案は、「議会による事前審査」という隘路に入ってしまう。政策提案を重視したために、監視機能が弱体化し、執行部との緊張関係が欠如してしまっては、確かに本末転倒である。しかし、もはや消極的・受動的立場にとどまっていることはできないとすると、チェック機能を果たしつつ、自治の経営者として関わっていく役割を模索し、構築していくしかない。

そのルールや仕組みづくりは、各地で模索し、その成果を発信し、それをそれぞれの議会が学び、自分たちのまちにふさわしいルールに組み立て直していくべきだろう。

なお、自治基本条例の例であるが、兵庫県三田市では、市民、行政、議会が条例案を出し合って、それを三者で合意するという進め方を行っている。鳥取県米子市では、市民会議の検討の場に、議員の参加をしやすくするために、「議員を経験している市民」（現役の議員が市民として参加する）という理論を編み出している。知恵はいくらでも絞ることができる。

(2) 地方議会・議員がすべきこと

ア　改革の方向性

●議会改革――二つの方向性

調査によると、議員の多くは、自分たちは市民に役立つ仕事をしていると考えている。つまり議員は、自治体の政策形成に、大いに寄与していると思っているのである。これに対して、市民の多くは、議員の仕事振りについて不満を持っている。双方の思いに、大きなギャップがあるのである。

こうした乖離が生まれる原因としては、次の理由が考えられる。

ひとつは、実際に、議員が市民の期待する仕事をしていない場合である。市民の代表である議員が、市民の思いを代弁していないといったケースである（市民の思いが的外れの場合もある。これは市民の市民性の問題である）。

他のひとつは、議員としては、きちんと仕事をしているが、それが市民に伝わっていない場合

表３　地方自治法改正（議会に関する制度の見直し）

	主な改正の内容	条文
①専門的知見の活用	専門的事項に係る調査を学識経験を有する者等にさせることができる。	100条の２
②議会の招集	議長へ臨時会招集請求権の付与。	101条②
③常任委員会に関する規定	議員の常任委員会所属制限数の撤廃。 常任委員を選任できる。 常任委員会にも議案提出を認める。	109条②，③，⑦
④議会運営委員会の規定	閉会中は，議長が条例で定めるところにより委員を選任できる。 議会運営委員会にも議案提出を認める。	109条の２③，⑤
⑤特別委員会に関する規定	閉会中は，議長が条例で定めるところにより委員を選任できる。 特別委員会にも議案提出を認める。	110条③，⑤
⑥長及び委員長等の議場への出席義務	議長から出席を求められたときは，出席しなければならない。	121条
⑦会議録の作成	電磁的記録による会議録の作成を可能とする。	123条
⑧会議の傍聴	取締りに限らず，広く「傍聴に関する規則」を制定するものとする。	130条
⑨事務局の設置及び議会の職員	議会事務局の業務について「庶務」から「事務」に改める。	138条
⑩長の専決処分に関する規定	専決処分が可能となる場合を「緊急性を要する場合」に限定して明確化。	179条①

（出所）「地方自治法一部改正のポイントと自治来実務(3)」『自治体法務NAVI』Vol. 14，2010年11月，20ページ，野口貴公美を基に一部修正。

である。議会・議員が市民に知らせる努力を怠っている場合である（市民自らが努力を怠っている場合もある。こちらも市民の市民性の問題である）。

議会改革は、この二点をめぐって行われるべきだろう。

●地方議会・議員がその力を存分に発揮する

議員を非難し、批判するというやり方も、ひとつの改革方法ではあるだろう。マスコミでは、ステレオタイプ化された地方議会・議員への批判が行われている。それに乗って、議会・議員を抵抗勢力に位置づけて、市民を煽る首長もいる。

しかし、こうしたやり方は、結局、自治や民主主義を脆弱なものにしてしまうだろう。非難を避けるために、議員は、萎縮し、あるいは市民との迎合に走り、他方、市民は、自治の当事者から評論家になっていく。

地方議会・議員については、その力を存分に発揮できるように、励ます仕組みのほうが有効である。近年、地方議会・議員を励ますための改革が行われてきた。その集大成が議会基本条例である。

イ　政策提案機能アップに向けて

●監視機能と政策立案機能は表裏

監視機能だからといって、揚げ足取りの批判に始終しては、逆に、市民から信頼されなくなってしまう。議員に期待されるのは、自治経営を真正面にすえた建設的な批判である。評論家ではなく、自治の当事者として、対案提起を含んだ監視である。

地方自治法が二元代表制を採用したのは、行政がまとめる単線の政策形成ルートでは、質の高い政策は実現できないという認識からである。市民生活に身近なテーマが扱われる地方自治では、政策形成のルートの複線化にこそ意義がある。もうひとつの政策形成を行う役割が、議会・議員に期待されている。建設的・効果的な監視機能と政策立案機能は表裏の関係にある。

あらためて現行制度を見ると、討論、質問、陳情・請願の審議、意見表明など政策提案のツールは数多く用意されている。要は、これらをうまく使うことである。

●政策提案しないと当選しない仕組み

これまで議員が政策に関心を持たずにすんでいたのも、それなりの理由があった。政治学の常識でいえば、議員は再選されるために活動しているとされる。首長と違って、少ない得票数で再選される地方議員は、選出母体の利益や個別利益を代表すれば当選できるので、全体から支持される政策をあえて目指す必要はなかった。政策よりも御用聞き・個別テーマで当選できるという現実と市民側の無関心、政策軽視の投票行動とがあいまって、議会・議員の政策軽視の風潮を生

図5　同業他社の考え方

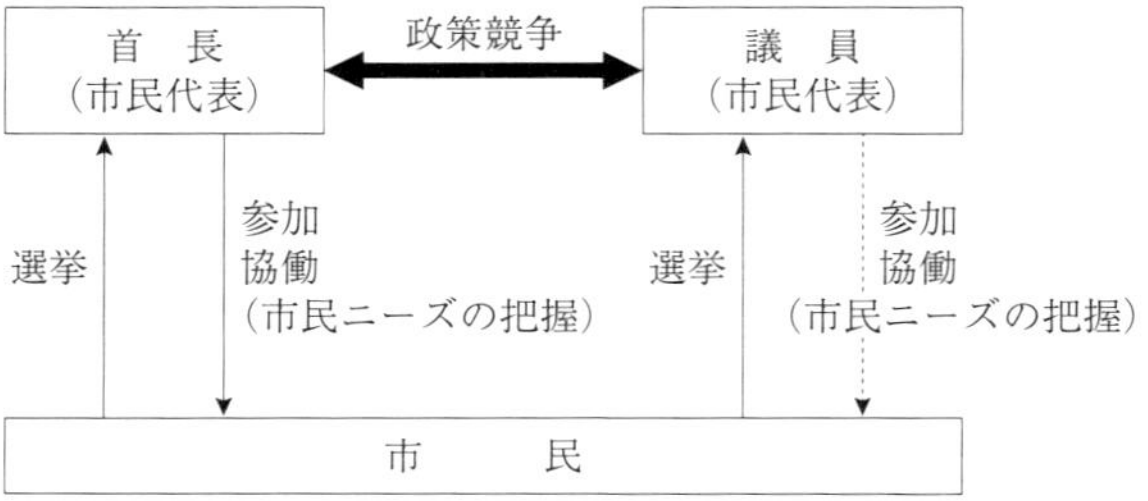

んできたのである。

ただ、最近では、こうした現状が変わり始めた。定数が削減され地域代表では当選しにくくなってきたために（定数削減はここまで行くだろう）、政策提案をせざるをえなくなってきた。インターネット等の発達で、議員の活動が容易に評価・公表されるようになり、政策提案をしないと当選しない仕組みが徐々に整えられていく。

●同業他社の発想

議会・議員が、なぜ、政策提案をすべきなのかは、首長と議員の関係を同業他社と考えるとよく理解できる。首長と議員は、ともに市民の幸せを実現する政策を争う同業者である。この二社が、相互の政策競争のなかで、切磋琢磨することで、よりよいサービスが提供されるというのが二元代表制である。

同じ住民代表で、いわば同業の首長が、市民との対話に精力的に取り組んで、消費者（市民）ニーズに合致した商品

（政策）を売り出そうとしている。同業者の議会・議員が行うべきは、首長に負けない積極的な市民ニーズの把握である。議員は数が多いという強みを持っている。その強みを活かして、首長を凌駕する市民参加、協働を進め、より市民ニーズに合致した政策を打ち出すことである。

確かに、多くの議員は、個人としては支持者を中心に、市民ニーズを聞いているとの自負があるかもしれないが、多くの市民にとって、議員は顔も見たこともない存在というのが現実である。議会という制度そのものが危うくなっているのである。原点に戻って、組み立て直しをすべきときである。

(3) 条例の意義

・強制力があるから有効？

政策形式のうち、最も強力なのが条例である。確かに条例は法規範であり、住民に対して法的拘束力を持っている。条例には「二年以下の懲役若しくは禁固、一〇〇万円以下の罰金、拘留、科料、没収の刑又は五万円以下の過料」（第一四条③）を設けることができる。物理的な強制力によって、実効性が保障される点が条例の優れたところであると、多くのテキストでは説明されている。

「本当だろうか」というのが、私の率直な意見である。確かに、懲役、罰金というペナルティは、一見すると有効性が高いように見えるが、実際には運用が難しく、本気で適用しようとすると高いコストがかかる手法である。

例えばタバコのポイ捨てで考えてみよう。ポイ捨てをすると処罰（懲役や罰金）されるとすると、不心得者が減るという論理は容易に理解できる。では、実際に、ポイ捨てを処罰するにはどうしたらよいか。

まず押さえておかなければいけないのは、懲役や罰金は刑事罰で、刑法総則や刑事訴訟法の適用があるということである。つまりポイ捨て犯は、強盗や殺人の犯人と同じように、無罪が推定され、自白だけでは公判を維持できない。自白だけで起訴しても、否認されたら有罪にできないのである。そこで、客観的証拠を集めることになる。防犯カメラを調べ、目撃証言を得ることになるだろう。ポイ捨て現場に、「何月何日何時ころ、タバコのポイ捨て犯を見かけた人は名乗り出てほしい」という立て看板を出すことになる。担当者は、こうした努力をしなければいけない。幸い、目撃者が出ても、「捨てたのではない。落としてしまった」という抗弁にはどう対抗するか。犯行に及んだ動機もきちんと確認する必要があるだろう。ここまで固めておかないと、警察も検察も相手にしてくれない。

いずれにしても膨大なコスト、時間がかかるが、果たしてこんなことができるだろうか。市民もそれを期待するであろうか。もっと重大な犯罪が起こっている。私ならば、貴重な税金は、そちらのほうに使ってほしいと思う。

こうした刑事罰の厄介さを回避するために、最近では、ポイ捨てを過料で処理しようという考え方も出されている。過料は行政罰であるから、刑法総則や刑事訴訟法の適用はなく、裁判所の判断を経ずに、自治体の長がその納付を命じることができるからである。確かに、ひとつの知恵で、最近では、過料を選択する例が増えた。東京都千代田区等では、ポイ捨てに過料が適用することで、ポイ捨てが激減したと報告されている。

しかし、ここでも考えてほしい。刑事罰を行政罰に変えただけ、本当に効果があるか。なぜならば、ポイ捨てをしても実際に捕まらなければ、多くの人が無視するからである。実際、東京都千代田区等で、大きな効果が出ているが、これは莫大な予算を投入して、ポイ捨て行為を注意する体制をつくり、実際に街で注意を行っているからである。千代田区では年間一億円をかけて注意する体制をつくっている。そこまでやれば効果が出る。要するに、力で押さえつける方法は、結局、高コストである。

なお、罰則を定めるのは、処罰のためではなくPRが目的といわれることがある。しかし、

「それをいったらおしまい」である。自治体自らが、法を守らなくてよいことを宣言しているようなものだからである。役所が決めたことは守らなくてもよいことになってしまい、市民に与えるマイナスの影響がずっと大きいことになる。

・条例の意義・有用性

条例は、つくる意義があるからつくるのである。使えるからつくるのであって、使えない条例は、税金の無駄づかいとなる。逆にいうと、条例は使えるようにつくらなければいけない。

条例の意義・有用性をまとめると、

① 条例には、強い正統性がある。市民の代表である議会・議員によって制定されるからである。
② 条例の場合は、実効に必要な予算、組織・人員体制が措置されやすい。
③ 条例は、多くの利害関係者が関わってつくられることから、内容の精度が高まる。
④ 条例は、強い広報力がある。
⑤ 条例は、首長や議員が変わっても残っていく。

このうち最大の利点は、条例を制定する議会が、市民代表の集まりであり、この市民的バックボーンの存在が、条例に強い正統性を与え、自治体活動の正統性を高めていくことである。要するに条例があることで、自治体職員や市民等が自信を持って活動できる点である。

議会・議員はこれら強みを常に意識し、最大限に活用しながら条例をつくってほしい。

なお、必ず条例によらなければならない場合が地方自治法等で定められている。義務を課し、又は権利を制限する場合は、条例によらなければならない（第一四条②）。規則ではできないことが明確になった。また、個別の規定で、必ず条例によらなければならないとされている事項もある。使用料、手数料等の徴収（第二二八条）、公の施設の設置及び管理（第二四四条の２）等である。

・行政が前に出る仕掛け

条例の最大の強みは、市民の代表である議会の議決を得て制定される点である。こうした市民的バックボーンが、条例に強い正統性を与えることになる。

今日の行政を覆っているのは、誤ったコンプライアンスである。法律や規則に書いてあることだけをやる、あるいは、法律や規則に書いてある通りにやるというのがコンプライアンスであると誤解されている。本来、守るべきは、法令のほか組織倫理、社会規範なども含まれ、同時に市民の期待に応える（comply）という、コンプライアンスの積極的な意味が忘れ去られている。行政の原理である説明責任が、「言い訳けができるかどうか」に転換してしまっているのである。

こうした風潮に合わせて、行政は、防衛ラインをぐっと下げて、安全なところで戦っている。防衛ラインの前には、広大な戦場が広がっていて、そこには惨劇も起こっているが、なかなか前に出られない。

それを乗り越えて前に出ろというのは酷な話である。うまくいけばいいが、失敗すると途端に非難される。役所が守ってくれないなかで、個人の責任で行うというのは無理な話である。そこで考えるべきは、前に出ることができる仕組みである。その仕組みのひとつが条例である。条例というのは、市民代表の議会も加わり、市民全体で決めたという正統性がある。ここをよりどころに、行政は前線にでることができる。行政がその力を存分に発揮できるように仕掛けをつくるのが、自治の共同経営者である議会・議員の役割である。

Ⅱ　議員提案の政策条例——現状と課題

1　議員提案の政策条例

⑴ 政策条例とは何か

最近、政策条例という言葉は、よく使われるようになったが、その内容は、今ひとつ明確ではない。政策条例を「政策を実現するため条例」といってみても、結局、問いに対して問いで答えているようなものだからである。

そこで、最初に、政策条例とは何かを確認しておこう。これによって、どんな条例をつくればよいかが明らかになるからである。

代表的な定義は、条例制定が義務的か任意的かで区分し、自治体で実施するかどうか任意に任された事項を定める条例を政策条例とするものである。

一理あるが、私は、もう少しストレートに、自治の目的から考えて定義したらよいと考えている。自治の目的は、個人が尊重される社会、つまり一人ひとりが安心して暮らせるまちをつくることである。政策は、それを実現する方法であり、条例はその手段のひとつである。このように考えると、市民や地域のニーズや実情を踏まえて、市民が安心して暮らせるまちをつくるのに役立つ条例ならば、政策条例と考えてよい。

(2) 典型的な政策条例

このように考えると、大半の条例は政策条例となる可能性を秘めているが、ここでは典型的な政策条例を見てみよう。

① 自治の基本理念で勝負するもの――自治の理念や自治体の政策理念を明確にする条例である。地域の住民にとっては、目標や目指している未来が見えることになる。自治基本条例がその典型例である。また、個別政策分野の基本的事項を体系的に示した条例もこれに含まれる。環境、まちづくりなどの基本条例等である。

②　自治体の総合性で勝負するもの――市民の暮らしは、国の省庁別の縦割りでは成り立っていない。総合性・横断性は、自治体の強みであり、存在意義でもある。手続きを一本化したり、縦割りの業務を横断化する条例がこれに当たる。総合調整条例、事前調整条例などである。

③　自治体の市民性で勝負するもの――自治体の強みは、バックに市民がいることである。これは国（法律）にはできない自治体の強みである。市民の主体的な参加や市民の公共性（協働）を促進する条例で、市民参加条例、市民協働支援条例などがこれに当たる。

④　自治体の地域性で勝負するもの――自治体の存立基盤である地域の特徴を活かす条例である。法律は全国画一の水準でつくられるが、全国水準では地域が幸せになれないことを立証することで、既存の法律を乗り越えることができる。街づくり条例などは、この条例である。

⑤　自治体の独自性で勝負するもの――地域には独自の歴史や文化など、他都市にはない誇りうるものがある。こうした価値を求心力に、まちの総合力を向上させていくものである。今日の自治経営で最も大事なことは、住民の間で、まちに対する誇りや愛着が生まれ、市民が一体となって、まちの価値を守り、高める活動を進めることである。歴史や文化に関する条例がこれに当たる。

⑥　自治体の戦略性で勝負するもの――当面の政策課題を解決するだけでなく、社会全体の変革を射程に入れながら、地域から社会（国の法律・制度）を変えていくというものである。それが地方政府としての自治体の役割であり、自治体の矜持でもある。情報公開条例等は、法律の制定を促進する役割を果たした。

(3) 議員提案の政策条例

地方自治法等に制約がない限り、議員が提案できる条例には制約はない。しかし、議会の役割・権限や持てる能力、また議会を構成する議員の役割や行動原理等から考えると、議員が提案するのにふさわしい条例があるはずである。具体的には、次のような条例が考えられる。

①　議会・議員でなければできない条例――議会・議員の役割、行動に関する事項を定める条例である。地方自治法には、議会運営に関する事項は詳細に規定されているが、議会や議員の活動に関する事項は、ほとんどない。その空白を埋める条例である。わがまちの議会・議員のあり方を示し、どのように行動するのかを明示するものである。北海道栗山町で最初に制定された議会基本条例は、その代表的なものである。

②　地方自治そのものを考える条例――自治のあり方を規定する条例である。自治基本条例が

典型例である。全国で制定されている自治基本条例の多くは、行政、市民が発意するが、長野県飯田市では、議会がリードし、市民会議を開催し、市民や議会が活発な議論する機会をつくりながら条例案をつくっていった。大いに学ぶべき、優れた取組み例である。

③　広い視野から地域を概観した条例——行政が縦割りの運営になりがちななかで、広い視野から地域全体を概観した条例でもある。地域振興条例、産業活性化条例など、いわばまちを元気にする条例である。議員提案条例では、えさし地産地消推進条例などが該当しよう。

④　地域や住民の要望を反映する条例——地域に密着する議員ならではという条例である。函館市犯罪のない安全で安心なまちづくり条例、熊本市路上喫煙防止条例及びポイ捨ての禁止等に関する条例、逗子市深夜花火規制条例、福島市サル餌付け禁止条例、取手市自転車安全利用条例など数多くの条例が提案されている。

⑤　まちや市民のあるべき姿を示した条例——当面の解決に追われる行政に変わって、議会・議員から、まちや市民のあるべき姿を示した条例である。理念型・宣言型の条例となるため、執行経費や執行体制が特に必要ないことから、議員が提案しやすい条例でもある。秋田市未来を築く子どもを育むための市民や社会の役割に関する条例、平塚市民のこころと命を守る条例などがある。

⑥　行政ではできない新しい政策課題を取り上げた条例――行政の行動原理は、公平・公正である。したがって、多数の市民の合意が得られないと取り組むことができない。これは、税金で行動するという行政の行動原理上、やむをえない。そのため、対応は後手に回りがちである。現在では行政の施策になっているが、当初は、一部市民だけの取組みから始まったものはたくさんある（例えば、ドメスティックバイオレンスは、一部市民の取組みから始まり、それが行政の施策になった）。こうした先駆的な政策課題を取り上げて条例とするものである。議会は多元的価値を体現できるのが特質であり、この強みを活かすということでもある。

⑦　少数者の思いを掘り起こす条例――行政は全体の利益のために活動するために、少数だが重要な意見を見落としてしまう場合がある。政策課題に優先順位をつけなければならないが、その判断が形式的になってしまう場合もある。もうひとつの視点から問題提起するのが、議員提案の政策条例である（その分、否決率が高くなる）。議員提案の法律（議員立法）の場合は、行政の限界を乗り越える内容のものが目立つが（性同一性障害者の性別の取扱いの特例に関する法律など）、これは地方議員が提案する条例でも同じである。犯罪被害者等支援条例などがその例である。

2　議員提案の政策条例の現状――調査結果から

(1) 調査の概要

議員提案による政策条例は、今後、ますます増えてくると思われるなかで、相模女子大学学生による共同研究チーム（代表：松下啓一）では、議員提案による政策条例の実態を把握するための全国調査を行った。調査は、平成二〇年一二月二日～二一年一月一〇日に行った（自治体の事情によって、回答が遅れたものもあった）。

調査対象とした議員提案による政策条例は、全国市議会議長会が毎年行っている「市議会の活動に関する実態調査結果」から抽出した。古いものは、当時のいきさつが不明になっていることも多いと考えて、平成一七年から一九年までに可決された条例とした。

また、この調査では、議員提案条例であっても「定数や報酬、政務調査費、資産公開、議会の情報公開など議会や議員の身分などに直接かかわるもの」は除いている。議会に関するものでも、議会基本条例のように議会運営の基本や議会の公開、市民参加に関する事項を定めたものは、政策条例と考えるべきであるし、また議員定数の削減条例も、「市の行財政改革の一環として発議

表1　調査項目

①政策条例の名称と公布年月 ②議員提案によって制定した背景（きっかけ等） ③議案提出までの検討期間・体制 ④条例の企画・立案・検討にあたって実施した調査（他都市の取り組みや法との整合性等） ⑤検討や実現を円滑に進めるために実施したこと（団体等へのヒアリング，説明） ⑥検討過程と市民参画（アンケート，委員会等） ⑦検討過程と制定後の市民へのPR・情報提供（広報，シンポジウム等） ⑧制定までの執行部との調整の有無 ⑨必要経費 ⑩法制執務（市長部局の法規担当との関わり） ⑪条例づくりと議会事務局の関係（役割分担，支援に対する感想，意見等） ⑫議会審議について（委員会と本会議での質疑，議決） ⑬制定における苦労（企画，議会内部，行政，市民等）

されている重要な政策案件」と考えると、これも政策条例になる。しかし、この調査では、条例制定過程における執行部との調整や市民参加の実態を把握することを主たるねらいとしたため、議会に関する条例は、調査対象から除外した（全国市議会議長会では、平成一六年までは、議会内部に関する条例は政策条例とはしていなかったが、平成一七年以降は、こうした条例も含めて報告されている）。

調査項目は、**表1**にある一三項目である。条例の制定プロセスを中心に質問事項を組み立てた。

調査方法は、市議会宛にメールで調査票を送付するという方式を取った。回答

表２　政策条例の体系目次別分類

分　類	比率	主な条例
第１編　総　規	5.7	飯田市自治基本条例，酒田市公益のまちづくり条例
第２編　議　会	56.7	伊賀市議会基本条例，新宿区議員政治倫理条例
第３編　行政通則	17.7	東久留米市における法令遵守の推進等に関する条例
第４編　人　事	0	
第５編　給　与	0	
第６編　財　務	0	
第７編　教　育	1.4	小金井市私立幼稚園等園児保護者補助金の交付に関する条例
第８編　厚生・民生，環境	12.1	平塚市民のこころと命を守る条例，富士見市をきれいにする条例
第９編　産業経済	4.3	えさし地産地消推進条例，新潟市農業及び農村の振興に関する条例
第10編　建　設	1.4	札幌市住宅耐震化促進条例
第11編　病院事業	0	
第12編　消　防	0	
第13編　その他（公営企業）	0.7	壱岐市水道水源条例

数は、送付四九市うち有効回答三五市で、回収率は七一・四％となった。市議会というと、何か近寄りがたいイメージを持っていたが、みなさん親切というのが、学生たちの率直な感想であった。

(2) 議員提案の政策条例の分類

実際に制定されている議員提案の政策

条例（議会に関するものも含む）を例規集の体系目次別に分類してみた（**表2**）。

平成一七年、一八年、一九年で可決されたのは一四一条例である。提案数のうちの可決率は、平成一七年（五七・五％）、平成一八年（三八・〇％）、平成一九年（三五・一％）となっている。この三年間では、可決率は逓減傾向である。

体系目次別で分類すると、議会・議員関係のものが五六・七％を占める。行政関係では、行政通則（一七・七％）と厚生・民生、環境（一二・一％）が多い。また三年間で見ると、行政関係の条例が増えている（平成一七年二一・三％、平成一八年五四・三％、平成一九年六七・六％）。

なお、制定された議員提案の政策条例を都市ごとに分布図に落としてみたが、東京を中心とした関東一円に多かった。もともと市の数の多さという側面もあるが、政策の波及効という側面も否定できないだろう。この点については、今後の研究課題としたい。

(3) 制定の要因

・調査のねらい

政策形成要因は、内部主体要因、外部主体要因、外部環境要因に分類できる。内部主体は、政策を立案・決定する市区町村長や議員である。外部主体は、内部主体に働きかける市民団体や事

表3　条例制定の要因（単位％）

	1位	2位	3位	4位
議員など議会内部からの意見，提案（内部主体要因）	57.5	37.0	7.6	0
市民や団体など，議員・議会以外の外部からの提案や要望（外部主体要因）	30.3	14.8	46.1	0
議会・議員周辺を取り巻く動向，雰囲気（外部環境要因）	12.1	44.4	46.1	0
その他	0	3.7	0	0

業者団体等である。外部環境は、主体の外側に位置する他都市やマスコミ等の動向である。つまり、議員提案の政策条例は、内部の主体である議員がイニシアティブを取ってつくられていくのか、それとも外部の主体である市民による提案や要望で決定されるのか、あるいはより漠然と、雰囲気・ムードが大きな要素になるかである。

・調査結果の概要と分析

調査結果（**表3**）を見ると、最も多いのは「議員などの議会内部の意見・提案でつくられた」というものである。半数以上（五七・五％）が第一位にあげ、第二位と合計すると優に九〇％を越える。議員提案の政策条例では、内部主体である議員がイニシアティブを取っているということになる。

市民団体等の外部主体要因については、第三位が四六・一％と最も多い。ただ、よく見ると第一位の比率も高い（三〇・三％）。取り上げるテーマによっては、市民団体等がイ

表4　政策形成の要因（リサイクル条例）（単位％）

	第1位	第2位	第3位
内部主体要因	7.7	41.7	50.0
外部主体要因	7.7	45.8	45.8
外部環境要因	84.6	12.5	4.2

ニシアティブを取るということだろう。

外部環境要因については、第三位と回答した市が最も多い（四六・一％）。第二位（四四・四％）にあげた市も多く、外部環境要因はさほど大きな影響力を与えないという回答である。

要因別で見ると、条例の内容や自治体の状況によって例外もあるが、外部主体や外部環境よりも内部主体、つまり議員自身のイニシアティブが効いているということになる。

なお、先行研究にリサイクル条例の形成過程に関する研究（松下啓一「リサイクル政策の形成過程に関する研究」『横浜市立大学経済研究所紀要』第一七五号、一九九八年二月、四七―七〇ページ）がある。この調査は、リサイクル条例等を対象に、その政策形成に影響を与えている諸要因を調査したものである（一九九八年調査、**表4**）。

この調査では、政策形成に影響を与えている要因では、外部環境要因が最も多く（八四・六％）、内部主体要因・外部主体要因とも第三位という結果になっている。

二つの調査結果は、まったく異なるものとなっているが、これをどのように考えるかである。

市民ニーズへの迅速な対応に追われる行政（執行機関）と議事機関である議会という役割の違いが影響を与えているとも考えられる。一九七八年の地方自治研究資料センターが行った研究では、外部主体、内部主体の影響力は、相互の相対的な力関係と姿勢（他の主体の影響力に対して受容的か拒否的かなど）によって決まってくるとしているが、議員という政策主体の主体性・自立性の強さが、執行部の政策形成とは違う結果になったと考えることができよう。

図１　検討期間の割合

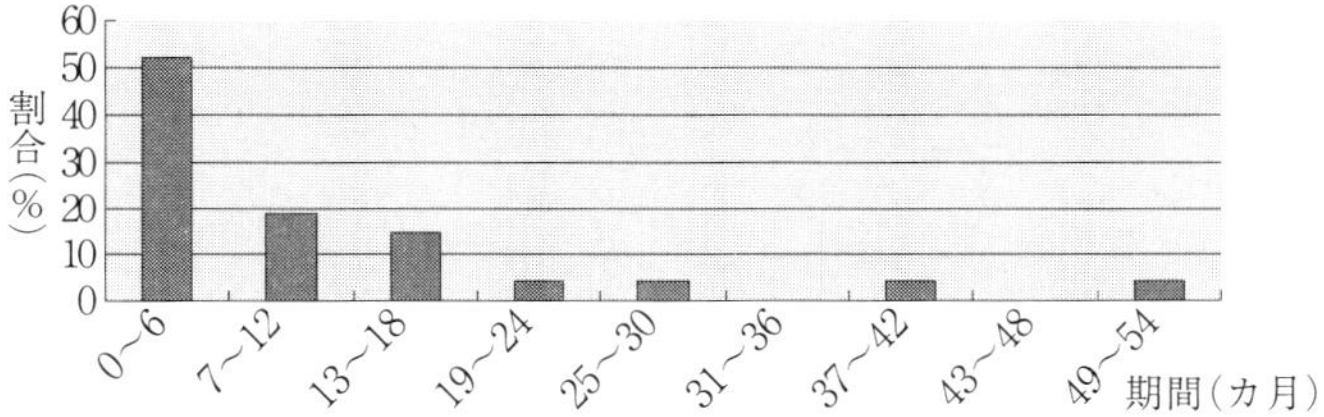

(4) 検討期間

・全体の検討期間

条例の制定までにどのくらいの時間をかけているのか。検討期間を六カ月ごとに区切って示してみた（**図１**）。

まず分かることは、「〇〜六カ月」と回答している市が多いこと

図２　検討の開始時期と終了時期

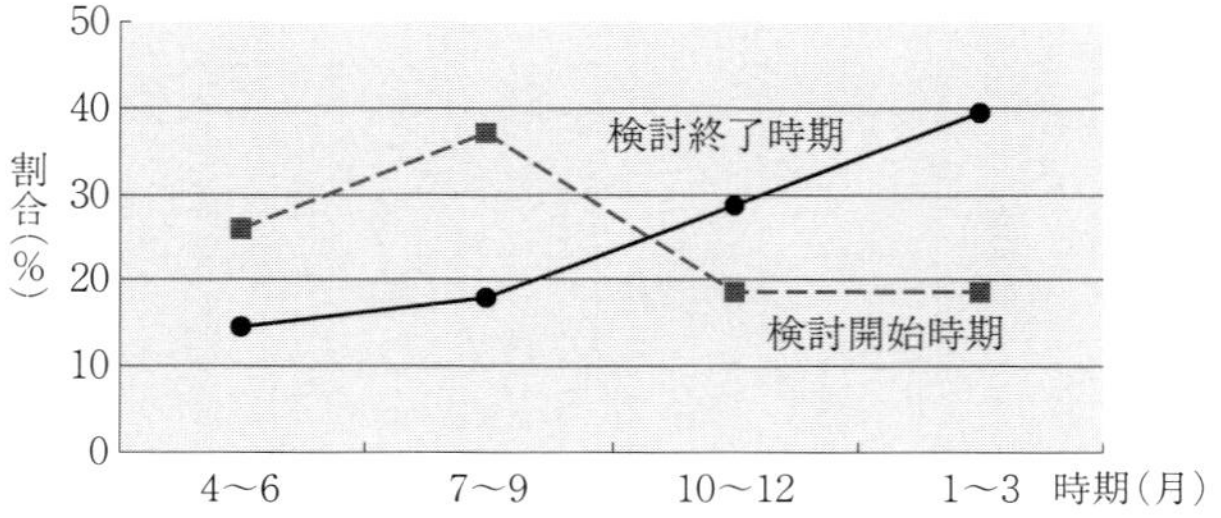

である（五一・九％）。このなかには、〇・五カ月といった回答もあった。続いて「七〜一二カ月」（一八・五％）、「一三〜一八カ月」（一四・八％）の順で少なくなっている。条例の検討は、一年で全体のほぼ七割（七〇・四％）が終了し、一年半以内では大半が終了する（八五・二％）。短い期間で終わる印象であるが、「制定までは規則による助成で、これを拡大する形で制定された背景があるために案は短期間で作成できた」（四街道市）や「制定を早急にしなければならない特殊事情があった」（大村市）という事情が検討期間を短くしているものと思われる。

次に検討の開始時期と終了時期について見てみよう（**図2**）。年間を三カ月ごとに区切ってあらわした。

これを見ると、開始時期は七〜九月がピークになっている。また、終了時期は一〜三月がピークで、それに向かって右肩上がりで増えている。これら二つのグラフは、ほぼ対をなしている。

こうした結果は、議会の仕組みが大きく関わっている。地方自治では年度制を採用しているが、そのため議会の新体制が整うのは六月となる。それゆえ、条例の検討開始も新体制の議会が始まった七月以降となる。同時に、検討の終了時期も年度末である一〜三月が多くなると考えられる。

・検討期間の詳細

この調査では、①構想・企画期間、②非公式な検討期間、③公式な検討期間、④議会提案・審査・議決までの期間についても聞いている。

① 構想・企画期間は、二一〜三カ月以内が最も多い（四三・八％）。次いで一カ月以内（三一・三％）となっている。つまり、四分の三が三カ月以内であるということになる。なかには九カ月という回答もあった（飯田市自治基本条例（以下、飯田市と表示する））。

② 非公式な検討期間では、一カ月以内が最も多かったが（三八・九％）、反面、二四カ月（飯田市）、二七カ月（名張市自治基本条例）といった長期の例もある。非公式な検討期間は、条例の内容や検討開始時の市・市議会の状況に大きく左右されるだろう。回答では、「他自治体の例を本市に当てはめて提出したため、構想・企画期間や非公式検討期間はほとんどない」（取手市）というものもあった。

③ 正式な検討開始期間では、一カ月以内というものが最も多い（三八％）。他方、六カ月以

上というものも多く、二〇カ月までと開きが大きい（善通寺市自治基本条例二〇カ月、飯田市一五カ月）。長期に及んだものは、市民参加を行っている条例である。

④　議会提案・審査・議決までの期間については、一カ月以内というのが全体の三分の二以上（六八％）である。一日（川越市）というのもあった。なお、議決に関して「可決後も執行体制監視として、六カ月間特別委員会を存続」（鎌ケ谷市）といった回答も見られた。

以上のように概して期間が短いが、問題は期間の長短ではなく、十分な検討が行われているかどうかであるというのはその通りである。ただ一般には綿密な調査や調整をすれば期間は延長し、市民参加を取り入れるとさらに期間は長期化する。期間の長短は、後に見る検討体制が深く関係することになる。

(5) 検討体制

・検討体制のパターン

検討体制に関しては、中央大学の礒崎初仁教授は、議員主導型、会派主導型、検討組織主導型（議員有志型・会派主導型・議員全員型・委員会型）、部連携型に分類している（礒崎初仁「自治体議会の政策法務」『ガバナンス』二〇〇五年一一月号、一二八―一二九ページ）。他方、本調査では検討体制を議員主導型・会派主導型・議員全員型の三つに分類した。誰が条例の検討をリードしたのかを聞くことに主眼を置いたためである。

・調査結果から

全市が、この三つの型に当てはめて回答している。なお、この項目は複数回答可となっている。

①議員主導型

まず、全体の四割（四一・二％）がこの形式を採用したと回答している。補足説明を見ると、次のように分類できる。

第一に、議員が有志で検討したものである。「議員一八名の有志による猿等被害対策議員連盟を設立し有害鳥獣対策を検討してきた」（福島市）、「他会派、議員への協力要請の結果、五人の議員にて検討等を行った」（逗子市）等である。

第二に、「議員個人主導により検討」（小田原市）、「議員個人の主導型」（国東市）といった議員個人のリーダーシップが強かったというものである。「全国の地方議会議員で組織する、地域の自殺対策を推進する地方議員有志の会に参加した議員による」（平塚市）という回答もあった。

第三に、「企画のみ議員主導型」（鎌ヶ谷市）で行い、その後は他の型と組み合わせるものである。

一般には、問題意識を持った議員が発議して、検討を開始するというのは自然な進み方である。そこからスタートして、一部有志議員中心、会派主導、あるいは議員全員での検討に分かれていくことになる。

最後まで、一部有志議員で検討していくケースでは、同じ目的を持つもの同士であるから、条例案をつくりあげるという点では有利であるが、メンバー以外の議員の説得にかなりのエネルギーを使うことになろう。

②会派主導型

会派主導型で検討したというのは、全体の四分の一（二六・五％）であった。具体的には「他の市議会と政策研究グループを形成している会派主導で検討をした」（相生市）、「一部の会派が検討を進めた」（札幌市）というものである。

この型のメリットは、政策方針を同じとする議員が集まっているために、まとまりやすく、それが多数会派の場合は、議決の際に有利である。デメリットは、他の会派からの賛同が得にくく、とりわけ小数会派の場合は、否決される率が高くなる。

③議員全員型

議員全員型で検討したというのは三八・二％である。具体的には、「議長を除く全議員が委員の特別委員会にて検討を行った」（善通寺市）、「議員全員型で正式な検討を行った」（鎌ヶ谷市）、「最終的に全議員で提出した」（札幌市）というもののほか、「各会派から推薦された議員一五名で行った」（宇都宮市）、「七つの会派から一名ずつが委員として参加した政策調査会を設置し行った」（酒田市）、「当時の副議長が中心となり、議会運営委員会で協議された」（枚方市）というったものも多数見られた。会派代表によるの取組み方式は、形式的には、一部議員による検討であるが、参加している議員は代表選手であり、その意味では全員型といえる。

全員による検討であるから、検討段階で合意できれば、容易に議決される。反面、数が多くて意見調整が難しく、条例案にまとめあげる作業は容易ではないだろう。テーマによっては全員参加の検討組織をつくること自体が難しいケースもあろう。

・事務局との関係

議会事務局は、議会の補助機関である。議会の庶務事務のほか、本会議や委員会の議事運営の補助、会議録の作成、議会活動のための調査、議会広報などを行う。議会事務局を担う職員数（定数）の平均は、都道府県議会四三・七一人、市議会九・二人、町村議会二・六人とされている（都道府県・町村とも平成二一年七月一日現在、市議会は平成一八年一二月一日現在のデータである）。一般的には、事務局員数は、議員定数の半分〜三分の一程度である。

少ない人数で、こうした広範な事務を行うのは容易ではないので、どうしても本会議や委員会を滞りなく運営することに精力をそぎ、調査等の活動は手薄になりがちである。

この調査では、条例づくりと議会事務局の関係について聞いてみた。

うまくいった例としては、「事前に情報交換を行っていたのでスムーズに行えた」（那覇市）、「良好に行われたと思う」（尾花沢市）、「調査にあたっては、事務局・調査課が十分に機能した」（那覇市）といった回答が寄せられた。

課題があったとするものでは、「議会事務局の機能強化の必要性を強く感じた」（相生市）、「政策法務能力の強化が事務局に求められる」（酒田市、同旨函館市）、「議会が会派制のため、議会内のルールづくりが必要だと考える」（新潟市）といった回答があった。

議員提案の政策条例が増えることに対して、議会事務局の政策能力の強化が求められる。事務局の現状についていては問題点ばかりの指摘がされるが、今回の調査では、うまくいった例も報告されている。議会事務局職員の増員など、あるべき論を主張しても簡単には実現しないことから、成功要因についてさらに検討するなかで、現実的・実践的な強化策を模索して行くべきだろう。

・検討体制の課題（まとめ）

検討体制の課題をまとめると、次のような内容になる。

第一に、議員間の問題である。「事前に各会派・議員間の意見調整が重要、大変だった」（相生市）、「各会派間での意見調整にも労を要したが、会派内での意見調整にも苦労したと聞いている」（飯田市）というように、人数が多い上、自立性が強い議員間の調整は、常に困難がつきまとう。「協議するに当たっての議員間の日程調整」（秋田市）といった地道な調整や「他の議員に対しての事前の説明等」（小田原市）に対するこまめな対応が求められる。なお、「議員提案による条例制定という考え方が定着しておらず、市民への点数稼ぎという目でみる議員が多く、なかなか賛成を得られなかった」といった議員心理に根ざした課題も指摘された。大事な問題提起であり、発想の転換が必要になってこよう。

第二に、時間不足である。「意見募集の期間を二週間しか実施できなかった」（熊本市）、「もっと調査を行ない、制定後の対応まで協議すべきだった」（那覇市）等があげられている。検討時間が短いということは、政策事実（一般には「立法事実」といわれるが、調査は立法のときだけでなく、政策立案全般に必要になるので、私は「政策事実」といっている。以下同じ）の積み上げや市民参加が、十分にはできないということにもなってしまう。着実なプロジェクト管理が必要になる。

第三に、検討に臨む姿勢や注意点である。「政策的な条例を制定するからには、執行にも責任を持つべきである」（鎌ヶ谷市）という前向きな指摘は重要である。「明日の地域を担う中学、高校生にも分かるよう、分かり易い表現に努めた」（飯田市）という姿勢も重要だと思う。

第四は、議員内部の検討体制に関するものである。「議会内の検討体制の整備が必要と考える」（新潟市）という指摘に代表される。検討体制は、テーマや自治体ごとに違ってくるが、「条例策定は、一会派ではなく複数会派や議会全体での議論が必要と考える」（取手市）というように、議員主導で始めても、一定の時点で全員型組織に移行するのが、一番スムーズに進むだろう。内容を詰める作業が出てきた場合は、代表選手を選出して検討する方式が有効である。また、事務局との関係では、「議会事務局の調査担当職員がいないと提出まで時間がかかったと思う」（小田原市）というように、事務局の役割は、ますます重要になっていく。

(6)企画・立案、検討にあたっての調査

・調査の実施状況

政策条例づくりのポイントのひとつが調査である。調査が十分できたかどうかで政策条例の出来・不出来が決まってくる。

条例を裏付ける政策事実をしっかりと積み上げるためには、①理論・理念面、②法律・条例等、

表５　裏付け調査の実施状況

項　目	実施率
当該条例に関する国や県の政策について	58.8%
他都市の取組みや条例	76.5%
行政が行っている施策の実態把握	64.7%
市民意識や意向の把握について	35.3%

表６　先進事例の参考状況

大いに参考にした	35.3%
ある程度参考にした	52.9%
あまり参考にしていない	2.9%
まったく参考にしていない	2.9%

③実態（現行制度の運用も含む）、④市民意識・意向、⑤他自治体等における先行事例、⑥海外事例、⑦社会やマスコミ等の動向、⑧行政内部の事情（総合計画等）、⑨政策利害関係者（事業者・議員等）の意向・動向等、多面的な調査を行う。

このうち、今回の全国調査では、当該条例に関する国や県の政策、他都市の取組みや条例、行政が行っている施策の実態把握、市民意識や意向の把握を行ったかを聞いてみた（回答数：三四市、**表5**）。

他都市の条例等の調査実施率は高く（七六・五％）、市民意識・意向の調査は低いことが分かる（三五・三％）。行政が行っている施策についての調査は、数字としては高いが（六四・七％）、むしろ三分の一は、調査をしていないということで、必ずしも高い評価を下すことはできないだろう。

なお、その他に行った調査として「警察や地元町内会への問題解決への取組みの現状」（逗子市）、「ＪＡ、農業者等と連携して猿被害の実態を調査」（福島市）、「地元商店街の代表者への説明及び意見聴取」（熊本市）という意見があった。

・他都市の取組み状況について

次に、当該条例の検討にあたって、他都市の取組み（条例等）をどれくらい参考にしたか聞いてみた（**表６**）。

「大いに参考にした」と答えた市が全体の三五・三％、「ある程度参考にした」が五二・九％であるので、九割近くが、他都市を参考にしていることが分かった（まったく参考にしていないと答えた市は、全国初の条例という観点で他都市の条例は参考にしていないという回答である）。

他都市を調べるというのは、ベンチマーキングという手法である。ベンチマーキングは、優れた方法を比較分析し、改善等に活かす手法であり、条例等の設計においても有効な方法である。ただ、注意すべきは、ベンチマーキングは仮の目標にすぎないという点である。他都市の例は、いわば相場と先進事例にすぎず、いくら先進事例を条例に書いても、ニーズ、資源、権限、タイミングが合わなければ、自分の自治体の条例にすることができないことに注意すべきである。

(7)説明の機会

政策条例を企画・立案、検討するにあたって、どこの団体・人に対して、ヒアリング、説明の機会を持ったか（回答数：三二市、**表7**）。

回答を見ると、八割以上の市は、関連課（職員）に対してヒアリング、説明の機会を持ったとしている。問題の所在や現状施策の確認、対応策の検討等にあたって、関連課から情報収集を行うのは当然のことだろう。むしろ条例をつくろうとする意義を理解してもらい、制定後の条例運用を考えると、関連課とコンタクトを持たなかったのが二割近くあったというところに、問題が内在しているように思う。

関連課（職員）に次いで、実施率が六割と高いのが議会の議員である。議員提案条例であるから、当然ともいえる。

そのほか関係団体と市民・市民団体については、実施率がともに約四割であった。政策条例の場合、関係団体や市民の参加・協力が必要なものが多いことから、こうした数字になったものと思える。回答では、市民・市民団体の例として、「児童生徒、教員、育児サークル主宰者、ＰＴ

表7　ヒアリング・説明等の状況
（複数回答）

どこの団体・人に対して行ったか	実施率
関連課（職員）	81.3%
議会の議員	62.5%
関係団体	40.6%
市民・市民団体	40.6%
首長	28.1%
学者・研究者	21.9%
都道府県	15.6%
自治会・町内会（長）	12.5%
マスコミ	9.4%
国	3.1%

A関係者、民生委員、民間企業の職員等」（秋田市未来を築く子どもを育むための市民や社会の役割に関する条例）をあげたものがあった。

これに対して実施率が低いのが、国やマスコミに対する説明・ヒアリングである。国はともかく、マスコミについては、市民と条例を共有化するためにも、大いに説明する機会をつくっていくべきだろう。なお、その他として、「警察」（国東市）という回答もあった。

(8) 執行部との調整

政策条例が実効あるものとして制定されるためには、執行機関である市長、職員等との調整が必要になる。条例制定までに執行部とどのような調整が行ったかを聞いてみた（回答数：三三市）。

回答のうち、「実施した」が二六市（七八・八％）、「特に実施していない」が七市（二一・二％）あった。まずは、実施したという内容を見てみよう。

・調整のタイミングについて

実施のタイミングは、大きく三つに分類される。

第一は、検討前、つまり条例の検討を始める段階である。主には「検討の対象を絞り込む上で」（宇都宮市）、つまり、その条例が本当に必要なのかどうかを考えるにあたって、調整を行うケースである（「被害対策の調査の段階から執行部との連携・調整は行っている」（福島市）も同旨）。なお、「提案前及び提案後」（流山市）といった回答もあった。

第二は、条例の検討期間中である。多くはこの時期に実施している。「素案作成段階」（熊本市）、「条例の原案策定後」（秋田市）あるいは「条例の素案作成後に継続的に行った」（逗子市）といった回答が多く寄せられた（江刺市（現奥州市）、出雲市等の同旨）。

第三は、「条例制定後」（那覇市）である。制定後も実施に向けての調整が必要になろう。

・回数について

調整の回数については、**表8**の通りである。なかには数十回（熊本市・熊本市路上喫煙及びポイ捨ての禁止等に関する条例）というものもあった。「その他」というのは具体的な回数ではな

表８　執行部との調整回数

回数	1～2	3～4	5～6	7～8	9～10	11～	その他
市の数	4	7	4	1	1	2	4

く、「複数回」（相生市）や「多数」（酒田市）などといった回答を指している。

・相手方について

誰を相手として調整を実施したのかである。「担当課」という回答が圧倒的に多かった（二二市が回答）。市長というものもあった（三市が回答）。また、これら以外では「法制審議会」（たつの市）や「総務部長・企画調整部長」（酒田市）などである。

・調整は誰が行ったのか

調整を行ったのが「議員自ら」という回答が圧倒的に多い（一六市が回答。福島市、札幌市など）。「政策調査会及び座長で対応」（酒田市）や「会派代表」（相生市）というのも、議員が調整を行ったということだろう。なお、「議会事務局」という回答も少数ではあるが見られる。

・調整内容について

調整内容についても、いくつかに分類できる。

第一に、条例を制定するかどうかについてである。

「条例の必要性」（流山市）、「条例の検討対象を絞り込む上で、制定の必要性を検討した」（宇都宮市）、「担当者への聞き取り、その上での新しい仕掛けづくり」（名張市）といった回答が該当する。なお流山市と名張市は、子どもや教育に関する条例である。

第二に、条例の内容に関するものである。これが調整の中心事項になろう。

調整の内容もさまざまで、①条例の基本的事項（自治基本条例の基本的な考え方（飯田市）、条例による制度の枠組み等（札幌市））、②条文の文言に関するもの（他条例との文言調整（逗子市）、条文の調整（秋田市））、③法的な問題（都の条例との整合性、法的に問題はないか（小金井市）、規則との調整（鎌ヶ谷市））、④予算との関係（相生市）、⑤条例の実効性を高めるための取組み（熊本市）等である。

第三に、制定後の対応（実施手法やＰＲ・情報提供等）に関するものである。「条例を制定した際の市の対応」（取手市）、「広報等」（福島市）、「制定後の行政側の役割など」（逗子市）といったもので、これらは条例がうまく機能するための調整である。

以上から調整事項は多方面にわたっていることが分かる。

他方、執行部との調整を行っていないのが七市もあるという点は気になるところである。むしろん条例の内容や特別な理由によって、調整が不要な場合もあるだろうが、市民ニーズを踏まえ、実効性の上がる条例を制定するには、執行部との綿密な調整は欠かせないだろう。

・執行部との調整（反省点）

調査票には、執行部との調整に関する反省点、問題点が記述されている。いずれも率直な意見で、参考になるので紹介しよう。

第一に、制定に際しての問題である。「実効性の確保等に行政の知識が必要となる場合が多い」（流山市）、「議員提案が必要か、行政の決断を促すべきか、事前の調査が必要」（相生市）というのは重要な指摘である。また、「予算が乏しい」（鎌ケ谷市）というのも議員提案の政策条例が抱える悩みだろう。「現状把握の上で条例案をどのような内容とするのがいいのかの判断が難しかった」（小田原市）という意見は、よく分かる。

第二に、制定後に関することである。「議決権と執行権の枠組みを考慮しつつ、制定後、条例の主旨に添って事務執行されるよう執行部と調整作業を進めることが難しかった」（秋田市）、「制定後、担当所管の業務が増えることを懸念した議員がいた」（取手市）という指摘があった。いずれも二元代表制にからむ重要な問題である。

第三に、上記二点に関連するが、議会・議員と執行部との関係の難しさが指摘されている。「執行部意見と特別委員会との調整」（四日市市）や、「執行部の計画や施策との調合性に配慮すること」（宇都宮市）、「関連する当局の説明聴取で情報収集ができたが、当初、当局に戸惑いがあった」（那覇市）等である。

以上の課題は、いずれも、調整・協議ルールが整備されていないことに起因する問題である（今後、明文のルール化が必要になってくる）。

(9) 法務について

・条例をつくる場合の課題や苦労

条例をつくるにあたって、法務という面では、どのような課題や苦労があったのだろうか。

条例づくりの実際で、心すべきポイントは、憲法に規定する基本的人権との関係と「法律の範囲内」（憲法第九四条）をめぐる問題である。回答でも「日本国憲法や地方自治法等との整合性も吟味しなければならないとの課題認識のもと検討が進められた」（飯田市）、「各地区自治会から、地域のコミュニティを育む条例にして欲しい旨の要望が強く出されたが、そのことと憲法との整合に苦労し、努力規定というところに結論した」（飯田市）というように、憲法を意識し、気を配りながらつくっていったという回答である。

「人権に関する内容を含む部分について、表現に苦労した」（名張市）、「罰則を伴う条例であるため、規制の対象となる行為の範囲の設定や、違反行為となる構成要件の具体的規定が課題となった」（福岡市）、「条例中の責務規定の取扱い及び責務を課す程度について」（流山市）、「市民の責務が密告につながるのではという懸念があった」（国東市）などの指摘は、人権に慎重に配慮したということである。

法律との競合を意識し、それと違う独自性に配慮し、工夫を重ねたものとして、「基本的に、法律に基づく施策を実施すれば条例を制定しなくても自殺対策は図られるが、条例を制定することにより、自殺対策が地域の課題であると宣言すること、自殺に対する偏見や差別を解消することができると考え、法律に定める基本理念とは異なる独自の理念を定めた」（平塚市）という例があった。

また、法令表現では、市民に分かりやすい用語の使用について、「法制執務上慎重にならざるを得ない」（流山市）という指摘があった。地方分権と法制執務という、現時点ではほとんど手がついていない未開拓なテーマである（これについては第Ⅳ章で論じている）。

事務局についても、「条例作成にあたって事務局職員は法制関係の経験がなかったため条例案の作成に相当の時間を要した」（函館市）、「当局の法制担当職員の協力を得て行ったが、法規に詳しい事務局職員の必要性を実感した」（那覇市）という指摘は、率直なところであろう。

・法文づくりの担当

法文づくりを主にどこが担当したか。とりわけ市長部局の法規担当との関わりがあったかを聞いた（回答数：三四市、**表9**）。

この結果から見ると、条例の法文を議員や議会事務局だけつくったというのは、むしろ少数で、多くは執行部の協力を得ている。この点をどのように評価すべきであろうか。

表9　法文作りの担当状況

どこが担当したか	実施率
議会（議員，事務局）と市長部局	67.6%
議会内部だけで（議員，事務局）	29.4%
その他	2.9%

＊その他は，江刺市（現奥州市）で，外部協力者（県職員，早稲田マニフェスト研究所職員等）の協力を得た。

一般に、法制執務は技術的、専門的側面が大きく、習得には一定の時間が必要になる。議員たるものは、法制執務をしっかりと勉強し、きちんと習得しておくべきだという意見も一理ある。

しかし、条例づくりで最も重要なことは、条例をつくる意義を明確に提示した上で、条例が動く仕組みを構築することである。議員は、ここに注力すべきで、法文づくりといった法制執務に関する事項は、議員自身が直接行うことにこだわる必要はなく、執行部のほうが練達しているならば、その能力を大いに借りるべきであろう。

議員をサポートする議会事務局職員については、より専門的な知識の習得に努力してもらいたいが、すでに見たように少人数であり、やるべき仕事も多い。「法制担当者の議会事務局への兼務発令」（飯田市）というのは、多くの自治体にとっては現実的対応であろう。

⑽ 条例制定の経費

条例を制定するまでに、経費はどのように工面したのか（回答数：三四市、**表10**）。

表10　経費の支出元

支出元	回答率
経費なし	44.1%
政務調査費	17.6%
事務局の予算	17.6%
議員の私費・報酬	5.8%
その他	11.7%

実効性ある政策条例をつくるには、十分な調査・調整が必要になり、そのためには相応の経費が必要になる。当面は政務調査費の活用などによって実績をあげていくなかで、議員提案による政策条例のための予算を確保していくべきだろう。

⑾ 条例の策定過程への市民参加

政策条例の策定過程で、どのような市民参加が行われているか。

表11　市民アンケートを実施した市

市	名　称	回数	対　象	回収率
秋田市	未来を築く子どもを育むための市民や社会の役割に関する条例	1	市立の小中生及び高校生	未算定
札幌市	住宅耐震化促進条例	1	市内の戸建住宅に居住している方	57.6%
四日市市	市民自治基本条例（理念条例）	1	自治基本条例調査特別委員会傍聴者	89.5%（38人）

ア　市民アンケートの実施

条例策定過程における市民アンケートは、ほとんどの市が実施しておらず（九一・二%）、実施したのは三市のみである（八・八%）。なお、四日市市では、対象者が「自治基本条例調査特別委員会傍聴者」となっている（**表11**）。

イ　検討委員会の設置

議員以外のメンバーが参加した検討委員会を設置したのは三市（八・八%）、設置していない市が大半であった（九一・二%）。

設置した三市のうち、秋田市の四つの部会とは、家庭部会・地域部会・学校等部会・職場部会である。教育関係者とは児童生徒・教員・育児サークル主宰者・PTA関係者・民生委員である。また、飯田市は、公募委員八名・学識経験者四名・議員八名・市職員四名の構成となっている（**表12**）。

ここで注目されるのは飯田市で、「わがまちの〝憲法〟を

表12　検討委員会の設置状況

市	条例名	性　質	メンバー	人　数	回数
秋田市	未来を築く子どもを育むための市民や社会の役割に関する条例	4つの部会と子ども部会を設置	議員・市職員・教育関係者	50名程度（議員と職員を除く）	2
飯田市	自治基本条例	わがまちの〝憲法〟を考える市民会議	公募委員・学識経験者・議員・市職員	24名（うち公募市民8名）	35
さいたま市	住民基本台帳の閲覧等に関する条例	教育市民委員会	全議員・参考人	15名（うち参考人3名）	3

考える市民会議」という名称の委員会が設置されていることである。記録を読むと、議会が主導し、何度も地域に出て住民に説明し、住民とともに調査、研究している。議員提案の政策条例づくりでは、あるべきひとつの姿であろう。

ウ　シンポジウム・市民フォーラムの実施

実施したのは、三市（八・八％）、大半が実施していない（九一・二％、**表13**）。

飯田市では、条例の必要性を再確認するとともに周知を目的として、「飯田市自治基本条例シンポジューム」が開催されている。

エ　パブリックコメントの実施

実施したのは四市（一一・八％）のみで、ここでも大半は実施していない（八八・二％、**表14**）。

表13　シンポジウム・フォーラムの実施状況

市	回数	参加者数等
飯田市	1	約400名
善通寺市	1	約500名
江刺市（現奥州市）	2	延べ800名

表14　パブリックコメントの実施状況

市	回数	意見数等
江刺市（現奥州市）	1	なし
宇都宮市	1	1件
熊本市	1	延べ177件
飯田市	1	10名　42件

飯田市では、地区説明会を経て条例原案を作成した段階で約一カ月間募集している。集まった意見は、言葉の表現、罰則等の提案、規定の必要性などである。

オ　説明会・意見交換会の実施

実施したのは、全体の四分の一程度であり（二六・五％）、実施していない市が多い（七三・五％）。

開催回数は二〜八回までと多少の開きがあるが、平均すると四・一回となる。

⑿ 市民へのPR・情報提供

ア　条例検討過程

条例検討過程で市民へのPR、情報提供を実施したのは八市（二四・二％）で、残りの約四分の三（七五・八％）の市では実施していない（この項目は複数回答可である）。多くは、市民への働きかけや周知が行われず、議会のみで検討されているということがうかがえる。

市民へのＰＲや情報提供を行った市は、さまざまな手段を用いている。

第一に、広報・議会だよりである。「政策条例検討委員会の検討状況について、議会広報紙を発行し、そのつど掲載した」（宇都宮市）、「各地区市民センター、市庁舎内に傍聴案内ポスターを掲示した」（四日市市）等である。時期やタイミングに関しては、「条例を提案した直後」（小金井市）、「市民会議の中間報告書と条例素案の説明の二回」（飯田市）等である。

第二に、インターネットである。「ワークショップの参加者募集」（善通寺市）や「市議会ホームページのトップページに特別委員会の傍聴案内を出した」（四日市市）、「パブリックコメント時」（飯田市）というように、市民意見の聴取や市民募集の際に多く使われている。

第三に、シンポジウム・フォーラムである。「条例案作成前に自治基本条例の必要性を市民創意で再確認するために開催」（飯田市）、「素案が完成したときに五〇〇名の市民フォーラムを開催」（善通寺市）といったものである。

これらの他にも、例えば、「条例の枠組みについて、関係団体の建築士事務所協会及び建築士会へ説明及び意見交換を実施。また、条例の上程直前には、報道機関に向けて記者発表を実施した」（札幌市）という意見交換会やメディアへの発表、「ＦＭよっかいち市役所発丸ごとよっかいちニュースで傍聴案内の放送を行った」（四日市市）や「市役所受付、支所・公民館、市立病院で配布した」（飯田市）、「ある程度、条例の内容ができ上がった段階で、条例内容、目的を記したビラを議会にて継続審議中に断続的に延べ二万枚程度を市内で配布した」（逗子市）といった手段を使ったものがある。

全体にはタイミングがやや遅い感じがするので、検討当初からの市民ＰＲ、情報提供に努めてほしい（これは条例づくりへの市民参加と連動する）。

イ　条例制定後

実施したのは三一市（九一・二％）、実施していないのは三市（八・八％）であった（この項目は複数回答可である）。実施手段は、検討過程とほぼ同じである。

第一に、広報・議会だよりがあげられる。これは、ＰＲを実施した市のうち一市を除いてすべての市が選択した方法である。内容は、条例が制定されたこと、その目的、制定に至った理由等が紹介されている。

第二に、インターネットである。これは、「市役所ホームページ、市議会ホームページで条例を紹介」（四日市市）や「本条例施行後間もなく、ホームページの議会改革等の取組みに掲載」（枚方市）などである。

第三に、シンポジウム・フォーラムの開催である。「神奈川県との共催による自殺対策講演会、メンタルヘルス講演会の開催」（平塚市）、「東北公益文科大学における公益研究会（他大学の研究者も参加）」（酒田市）といった内容であるが、これは市民に直接、説明できる機会であるにもかかわらず、実施した市は少ない。

その他の手段としては、「駅等でのティッシュ配布」（鎌ヶ谷市）や「自殺予防週間に合わせた横断幕の掲出」（平塚市）、「議員全員・警察・市職員による交通安全街頭指導を実施」（国東市）といった方法である。インターネットや議会だよりは、市民自らが検索し、読むという「待ちの手法」であるが、こちらは議員や職員が自ら外へ出て直接市民へ働きかける「攻めの手法」である。制定後においても、積極的なＰＲ、情報提供に努めてほしい。

⒀調査のまとめ――議員提案の政策条例の充実のために

この調査では、条例制定過程における執行部との調整や市民参加の実態を把握することを主たるねらいとした。

すでに見たように、一部の条例については、執行部等との詳細な調整や市民参加を行っている例もあるが、全体に執行部との調整は不足気味であり、また本格的な市民参加はほとんど行われていない。

これらの点を乗り越え、議員提案の政策条例づくりを充実したものとするために、最後に気がついた点を示しておこう。

第一に、条例をつくるという意味を再確認する必要があろう。条例とは、条例の必要性や規定すべきことを条例をつくるとは、条文をつくることではない。条例とは、条例の必要性や規定すべきことを調査、調整し、その上で課題が解決していく仕組みをつくることである。条例文はそれを法文の形式にしたものである。この条例づくりの基本部分を改めて確認する必要があるだろう。

第二に、議員の役割（議員への期待）を再確認すべきだろう。

議員については、しばしば監査役にたとえられることがある。確かにこれまでは、執行部のチェックが主な役割だった。しかし、首長、議員の双方が住民の信任の上に存在するという二元代表制の基本に立ち返ってみると、そこで期待されているのは、首長と議員が互いに、どちらが市民の意向を代弁しているかを争うことであり、そのなかで市民にとって、より好ましいものを決めて行こうという仕組みである（監査的な役割は、その結果として果たすことになる）。

議員による政策条例は、この延長線に位置するが、現状は、「政策をつくるのは行政の仕事との思い」（小田原市）が強いのも事実である。改めて行政側とは違う視点で、政策をつくるという基本に立ち戻って、関係部署との積極的に調整し、条例づくりに市民が大いに参加するように努めてほしい。よいまちをつくるために、執行部に負けないように頑張ってもらいたい。

Ⅲ　議員提案の政策条例——考え方、つくり方

1　やってはいけないこと

自治の目的は、市民の幸せ実現で、政策条例は、そのための手段である。つまり条例ができることで、市民が実際に安心して暮らせるようになることが目的である。少なくとも、議員が、「よくやった」と評価されて、議員が安心して暮らせるようになることではない。

そこで、多少、繰り返しになるが、やってはいけない条例づくりの例を示しておこう。

①作文条例・パッチワーク条例

作文条例はつくってはいけない。作文条例の代表例は、コピー条例である。コピー条例とは、

他都市の条例をコピーし、都市名だけを変える条例である。インターネットの発達で、先進条例を簡単に入手することができるようになった。変換機能を使えば、あっという間に先進条例ができあがる。しかし、こんな条例をつくっても、市民が安心して暮らせるまちは実現しない。

パッチワーク条例（寄せ集め条例）というのもある。これは、先行条例の先進的な部分をつなぎ合わせて条例をつくるものである。最近では、雑誌やインターネットで条例比較表が紹介されるようになった。それぞれのおいしいところをつまみ食いすることで、「先進的」な条例ができあがる。ときにはいくつもの条例を無理につなぎ合わせた結果、用語の定義が矛盾した、奇妙な条例を見かけることがある。

条例づくりの過程で、先進条例を参照し、条例比較表をつくり、パッチワーク条例をつくることも多いが、それは到達点ではなく、出発点にすぎず、あくまでも仮の目標であることに注意すべきである。

ただ、現実には、先進的な部分を寄せ集めた条例が、市民やマスコミから高い評価を受けるのも事実である。そちらに走りたいという気持ちも分かるが、実態が伴わなければ何にもならない。どこの自治体（議会）も、そんなことをやっている余裕はないはずである。こうした条例づくりは、厳しくいえば税金の無駄づかいである。

②後はお任せ条例

議会が制定して、内容の詰めや執行の仕組みづくりは、行政にお任せという条例である。これは、議会は議決機関で、行政が執行機関という役割分担に忠実のようにも見える。

しかし、お任せ条例は無責任である。「議決」の意味にも関連するが、決めるとは、執行できるように決定することである。無責任な決定では、議会の見識を問われるし、議会に対する市民の不信をさらに増幅させることになる。議会は、行政が最小の経費で最大の効果を発揮するように、その仕事ぶりをチェックしているにもかかわらず、肝心の自分たちが提案する条例の詰めが甘くては、信頼は到底得られない。

執行できるように議決するには、十分な調査、調整、仕組みづくりが必要になるが、ここから、必然的に執行部との協議・調整や共同作業が必要になる。

議員による政策条例づくりは、はじまったばかりであり、この協議・調整や共同作業に関するルールや仕組みは、構築されていない。こうしたルールや仕組みをつくり、実践することは、監視機関として出発した議会・議員にとってはしんどいことだと思う。議員一人ひとりの力量も問われることになる。しかし避けることはできない。

実は、こうした協議・調整や共同作業は、行政にとっても、しんどいことである。行政職員にとっては、議員は苦手な存在であるが、それでも真正面から議論しなければいけないからである。結局は、双方がまじめに議論し、努力することでしか、地方自治の難局は乗り切れないということである。

③市民非参加条例

政策条例のねらいは、市民が安心して暮らせるまちをつくることであるから、まちの主役である市民が参加し、市民の意見を十分に反映することなしには、よい条例はつくることはできない。市民の共感や後押しのある条例は、強い実効力を持つが、それがない条例は、どのような美辞麗句を書き連ねても、空文にすぎない。政策条例づくりでは、市民の主体的参加や協働は不可欠となる。

他方、条例づくりに市民が参加し、市民のリードで条例がつくられることに対して、市民代表である議員としては、何か割り切れないという素朴な思いもあるだろう。しかし、何度もいうように、資源、権限とも乏しい議会・議員が、もう一方の市民代表である首長に政策競争で勝てるのは、市民を巻き込んだときである。市民参加には課題も多いが、知恵を絞って、乗り越えていくべきだろう。

図１　政策条例プロセス

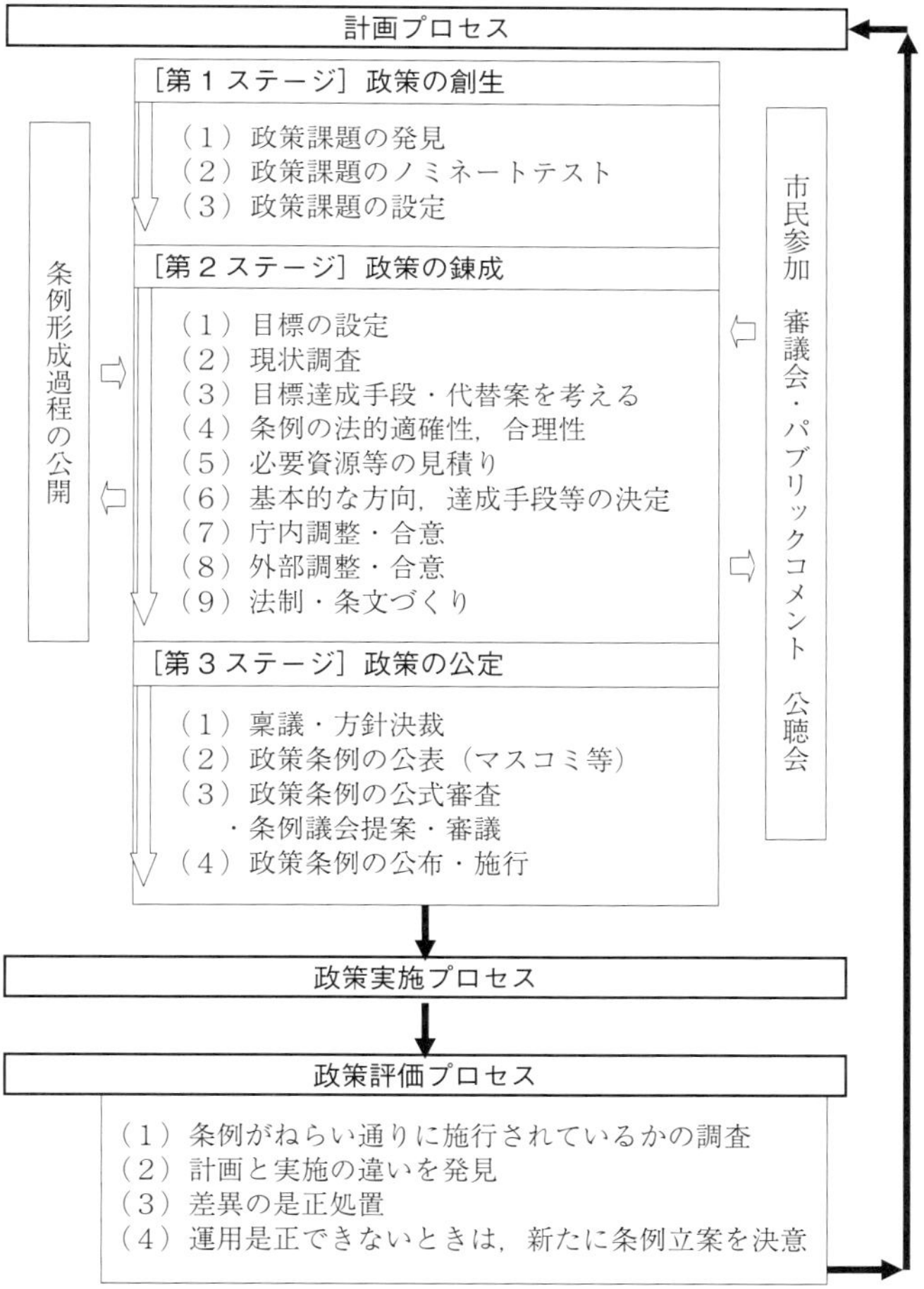
計画プロセス
［第１ステージ］政策の創生
（１）政策課題の発見
（２）政策課題のノミネートテスト
（３）政策課題の設定
［第２ステージ］政策の錬成
（１）目標の設定
（２）現状調査
（３）目標達成手段・代替案を考える
（４）条例の法的適確性，合理性
（５）必要資源等の見積り
（６）基本的な方向，達成手段等の決定
（７）庁内調整・合意
（８）外部調整・合意
（９）法制・条文づくり
［第３ステージ］政策の公定
（１）稟議・方針決裁
（２）政策条例の公表（マスコミ等）
（３）政策条例の公式審査
・条例議会提案・審議
（４）政策条例の公布・施行
条例形成過程の公開
市民参加　審議会・パブリックコメント　公聴会
政策実施プロセス
政策評価プロセス
（１）条例がねらい通りに施行されているかの調査
（２）計画と実施の違いを発見
（３）差異の是正処置
（４）運用是正できないときは，新たに条例立案を決意

2　よい政策条例をつくるための四つのテスト

(1)よい政策条例をつくるには

よい政策条例とは、社会的問題が解決され、安心して暮らせる社会が実現する条例である。仕組みや手法等によって、条例目的の実現が、しっかりと裏打ちされていることと同時に、制定プロセスが適正であるとこともよい条例の条件となる。策定の初期段階から、市民に公開され、市民参加の機会が確保されていることが必要である。

議員が提案する政策条例の場合は、つくり手は議員である。つまり、官僚組織を持ち、執行の権限を持つ首長と違うというところに特有の難しさがある。それを乗り越えて、よい政策条例をつくってほしい。

(2)条例づくりで力を入れる部分はどこか

条例づくりは、長丁場のため一本調子でやると途中で息切れしてしまう。力を入れる部分と若干、手を抜いてよい部分とがある。ここでは、力点を置く部分を紹介するが、その前に、条例づくりとは何かを確認しておきたい。この点が曖昧だと、力の入れどころを誤ってしまうからである。

私の定義する条例づくりとは、①政策課題を解決して、市民が幸せに暮らせる社会を実現するために条例策定を企画・立案し、②市民ニーズや現行制度、先行事例等を十分に調査して、③（時には戸惑う）内部関係者を説得し、④その政策によって影響を受ける（それゆえ強い反対活動を展開する）利害関係者を説得し、⑤市民のなかに入って議論をしながら関心を盛り上げ、⑥何とかまとまった条例案を条例という形式にまとめ上げ、⑦それを法規担当者と相談しながら法制執務のルールに則った条例文に練り上げ、そして⑧条例案として議会の議決を得るまでの全体をいう。

一般に条例づくりといえば⑥・⑦をイメージするだろうが、これは誤りである。この①から⑧までの全体が条例づくりである。議員提案の政策条例づくりでも、多少の変容は受けるが、基本的には、同じプロセスを踏むことになる。なお、地方自治法で規定されているのは、⑧に関連する事項にすぎない。

このうち、力を入れるべきは②の調査、③④の調整である。これは、条例の実効性を担保する仕組みづくりに直結する。一連の作業のなかで、最も困難なのは、④の利害関係者との調整である。特に市民や事業者が具体的な義務や負担を負う条例をつくる場合は、その困難性は一段と増す。議員提案の政策条例では、執行部との調整も重要となる。そして、これまでの条例づくりで欠けていたのは、⑤の市民の関心を盛り上げることである。この部分は、地方分権以降、ますます重要になった。これは議員提案の政策条例でも同様である。それに比べると、⑥・⑦の条文をつくる作業は、さほど困難な仕事ではない。内容さえ固まっていれば、それをカタチにするだけだからである。少なくとも、この作業は、議員に期待されている作業ではない。

(3)よい議員提案の政策条例をつくるための四つのテスト

よい議員提案の政策条例をつくるためには、次の視点が重要である。

●公共性のテスト

首長とは違って、ある程度の得票を得れば当選することができる議員の場合、支持者や選挙地盤との関係が強くなり、提案する条例も、それらの意向を色濃く反映したものとなりやすい。部分最適のみを追求し、市民全体の利益と乖離する条例にならないように提案する条例の公共性を常に意識しておく必要がある。

●法令適合性のテスト

議員提案の政策条例では、議員や議会事務局の法務能力の相対的な弱さとあいまって、法令適合性よりも市民ニーズを優先しがちになる。それが既存の枠にとらわれない新しい対応策を産み出す源泉にもなるが、それも法令適合性をしっかりと踏まえた上でのことである。そのための研鑽は怠ることのないように心がけよう。なお、法務能力といっても、法制執務のルールに準拠して条例文を仕上げるという技術は、議員自身が必ずしも体得する必要はない。

●実効性のテスト

この点は、何度も述べているが、条例は課題を解決してこそ意味がある。執行機関ではない議員が提案する政策条例では、実効性の担保という面で構造的な弱さを持っている。二元代表制のもとでは、議会と執行部との協議・調整のなかで、実効性を確保していくことになるが、その仕組みづくりについては、試行錯誤を繰り返して構築していくしかないであろう。

●公開・市民参加のテスト

議員は市民代表であるが、逆にそれが足かせになって、条例策定プロセスにおける公開や市民参加が不足しがちである。地方分権が進み、地方財政が悪化するなかで、市民からは、確かに選挙で信託したが、白紙委任ではないという意見が出されるようになった。同じ市民代表である首長のほうは、さまざまな公開や市民参加の仕組みを整備、実施し始めていることを考えると、議会は出遅れの感は否めない。議員提案の政策条例づくりにおける公開、市民参加の仕組みづくりに、早急に取り組むべきである。

3　政策条例をつくるための政策法務の基礎知識

実際に議員が政策条例をつくる際に必要な政策法務の基礎知識を確認しておこう。

(1) 議員ならではの政策法務力とは

・グランドデザイン力・プロデュース力

議員に期待される政策法務力とは、条例を構想するグランドデザイン力、それを実現につなげるプロデュース力である。

①　政策課題の発見力・設定力――市民が安心して暮らせる社会をつくるために議員になったのだという原点を常に意識し、市民やまちの課題を発見し、それを政策課題として設定する能力に磨きをかけてほしい。

②　全体最適との調和を目指す――課題をまち全体のなかで考え、それをデザインすることで

ある。部分最適だけにとらわれず、全体最適との調和のなかで考えることに留意してほしい。逆に行政は、全体最適にとらわれがちである。発想の違う両者が切磋琢磨し合うことが、二元代表制の妙味である。

③　グランドデザインをする――つくろうとする条例の全体像を提案し、それを総合化、体系化することである。つまり、法を活用して、何を実現しようとしているのか、何が実現されるかを示すことである。夢を持て、着実な実現が期待できるグランドデザインを市民に示してほしい。これが議員の政策法務力の中核である。

④　プロデュースをする――グランドデザインを具体化するために、関係の人や組織を動かし、条例という形式に結実させる能力である。

こうした能力は、畳の上の水練では身につかない。行政職員と共同作業し、住民の前で議論することで、能力を高めていくしかないだろう。

・**自治体職員の元気を引き出す**

今、自治体職員は元気がない。やるべき仕事は増えているが、厳しい行財政改革で、人員は毎年削減され続けている。市民の顔色をうかがう顧客主義、安さのみを追求する市場主義のもとで、ストレスを抱えて、体を壊す人も目立つようになった。新しい課題に取り組めば、それは新たな負担として跳ね返るだけに、何もしないことがベターとされる。

また、誤ったコンプライアンスの考え方が流布し、自治体職員は、既定の枠から出なくなった。「リスクを気にせずに仕事をしろ」というのは、簡単であるが、何年も勉強して、ようやく市役所に入ったのであるから、守りに入ろうとするのは無理もないことである。

自治体職員が、本来持っている能力を十分に発揮できなくなっているのは、自治体全体にとって、大きな損失である。この自治体職員が、その力を存分に発揮できるようにリードするのが、自治の共同経営者である議員の役割である。政策条例も、職員がその能力を存分に発揮できるようにするためのツールであり、そうした展望を持って提案してほしい。

(2) 条例所掌事項であること

・自治体の事務であること

条例は、地方自治法第二条第二項の事務、すなわち、地域における事務、その他の事務で法律又はこれに基づく政令により処理する事務に関して制定できる。

かつては、この自治体の事務の範囲をめぐっては議論があったが、機関委任事務が廃止された今日では、この問題は、事実上、論点にはならない。地域のニーズがあって、条例がつくられるのである。逆にいえば、自治体が条例までつくって解決しようと考えたものは、それは自治体の事務といえるからである。

・議会の権限であること

長にのみ専属する事項については、議会には条例の発案権はない。地方自治法で、「地方公共団体の長は」と行政庁を明定している場合である。具体的には、都道府県の支庁及び地方事務所等の設置に関する条例（第一五五条①）、行政機関の設置に関する条例（第一五六条①）、普通地方公共団体の長の直近下位の内部組織の設置等に関する条例（第一五八条①）がある。

・規則の所管事項でないこと

規則で規定すべきとされている事項は、条例を定めることができない。法令の規定により規則の専属的所管事項とされているもの（財務規則（自治法施行令第一七三条の二））、長の専属的権限とされている事項であるために規則で規定すべきもの（行政組織規則（第一五八条①）等）がある。

・予算を伴う条例について

地方自治法第二二二条第一項は、長は、条例その他の議会の議決を要すべき案件が新たに予算を伴うこととなるものであるときは、必要な予算上の措置が適確に講ぜられる見込みが得られるまでの間は、これを議会に提出してはならないとしている。長は予算の裏付けのない条例提案をすることはできない。

これは長のみに課せられた制限であり、法令上は、議員は予算上の措置とは関係なしに、条例案を議会に提出できると考えられる。しかし、自治体の行政運営の健全適正を期するという地方自治法第二二二条の趣旨は尊重されるべきで、あらかじめ執行機関と連絡の上、財源の見通しを得るべきである。行政実例（昭和三一年九月二八日通知、同三二年九月二五日行実）があるからという理由ではなく、自治体を共同経営するという観点からは、こうした配慮は当然のことである。

(3) 憲法の基本的人権の保障に抵触しないこと

憲法に規定する基本的人権には特に配慮する必要がある。政策目的の達成を急ぐあまり、行きすぎてしまう場合があるからである。

市民の権利・自由の規制基準には、判例や学説の蓄積があるが、自由を二つに分けて、経済的自由では、必要かつ合理的な制限であれば足り、精神的自由については、より厳格な基準によって審査されるべきという二重の基準論が説得的である（**表1**）。

表1　二重の基準論

精神的自由権（厳格な審査基準），経済的自由権（緩やかな審査基準）を区別して適用する考え方

Ⅰ　精神的自由への規制（厳格な審査基準）

(1)　明確性の理論（精神的自由を規制する立法全般に対する基準）

曖昧不明確な法律によって規制を加えると，萎縮的効果が生ずる。法文上不明確な法律は原則として無効となる（徳島市公安条例事件）

(2)　明白かつ現在の危険の基準（clear and present danger）

①ある表現行為が近い将来，実質的害悪を引き起こす蓋然性が明白であること

②その実質的害悪がきわめて重大であり，その発生が時間的に切迫していること

③当該規制手段が当該害悪を避けるのに必要不可欠であること

⇒以上の3つの要件を満たすときに表現行為の規制が可能となる。

(3)　より制限的でない他の選びうる手段（LRA）の原則（less restrictive alternative）

立法目的を達成するため規制の程度のより少ない手段が存在するかどうかを具体的・実質的に審査し，それがありうると解される場合には当該規制立法を違憲とする（＝立法目的の達成にとって必要最小限度の規制手段を要求する基準）

Ⅱ　経済的自由への規制（緩やかな審査基準）

「合理性の基準」を2つに使い分ける理論＝目的二分論

(1)　消極的・警察的規制（国民の生命及び健康に対する危険を防止若しくは除去又は緩和する目的＝「厳格な合理性の基準」）

立法目的が必要不可欠やむを得ないものであって，かつ，規制の手段が目的達成のために必要かつ合理的な最小限度のものであり，かつ，他のより制限的でない規制手段では立法目的が達成し得ないものであること。

(2)　積極的・政策的規制（社会政策又は経済政策上の積極的な目的）＝「明白の原則」

立法目的が正当であり，かつ，規制の手段が目的達成のために合理的なものであること。⇒規制措置が著しく不合理であることが明白な場合に限って違憲とする原則

経済的自由については、投票箱による国民の自己回復が可能であるので、立法府の判断を優先させても対応ができるが（合憲性推定の原則）、精神的自由については、いったん侵害されると、民主政の過程のなかでは自己回復が困難であることから、その規制は慎重であるべきだからである。精神的自由の制約基準については、権利の内容や対象によって、明確性の原則、明白かつ現在の危険の基準、より制限的でない他の選び得る手段（ＬＲＡ）などの基準があるが、できる限り謙抑的に対応することが肝要である。

(4) 法律の範囲内であること

条例は「法律の範囲内」（憲法第九四条）においてのみ制定できる。問題は何をもって法律の範囲内とするのかであるが、基準となるのは徳島市公安条例（昭和五〇年九月一〇日大法廷判決）である。「条例が国の法令に違反するかどうかは、両者の対象事項と規定文言を対比するのみでなく、それぞれの趣旨、目的、内容及び効果を比較し、両者の間に矛盾抵触があるかどうかによってこれを決しなければならない」という考え方を示している。要するに、法律と条例の関係を形式的に見て、すでに先行する法律があれば条例は一切制定できない（形式判断説・法律先占論）と考えるべきではなく、実質に立ち入って、両者に矛盾抵触があるかによって決する（実

図２　判例の判断枠組み

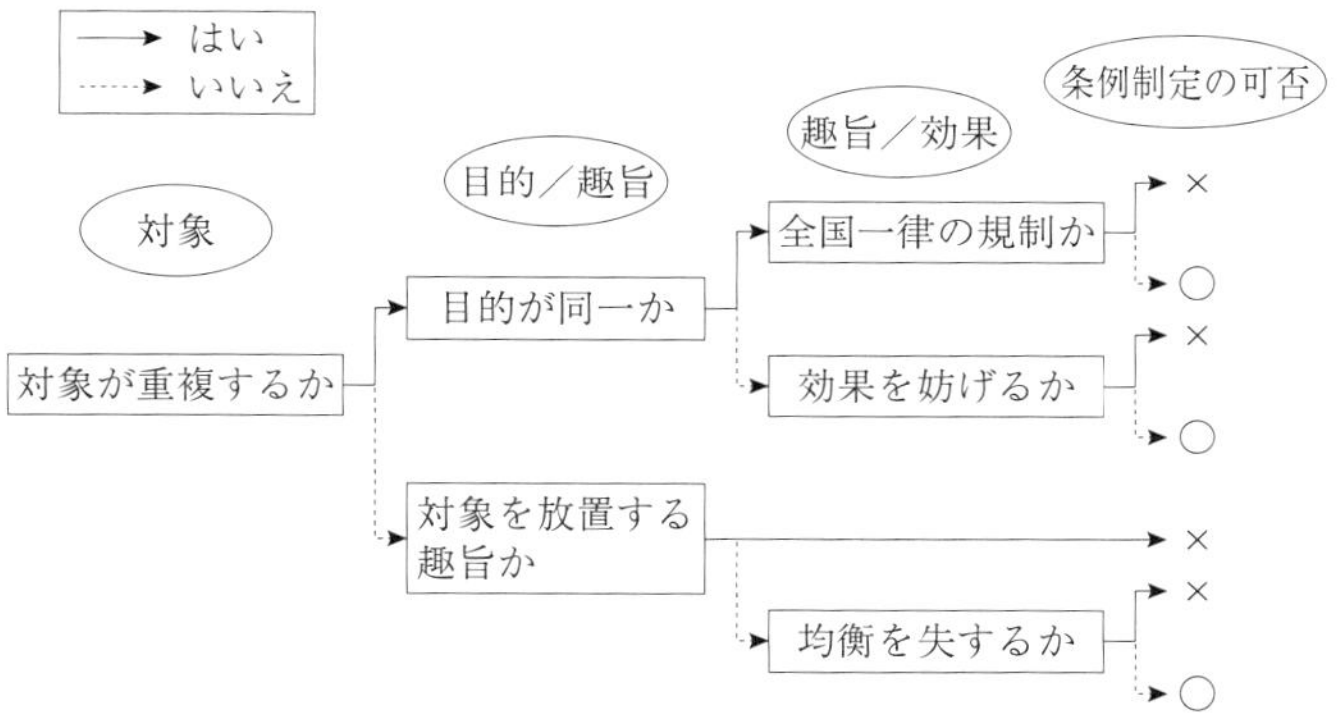

（出所）　北村喜宣・礒崎初仁・山口道昭編著『政策法務研修テキスト〈第２版〉』第一法規，2005年，15ページ，を基に一部修正。

質判断説）ものである。考えてみれば、当たり前のことをいっているにすぎない。図２は、この判例の考え方を整理したものである。

なお、注意すべきは、地方分権だからといって、条例は「法律の範囲内」で制定できるといった原則が変わったわけではない。ただ、

①　条例は正当であるとの推定を受けやすくなった

②　できる限り法律を抑制的に解釈し、条例を合法的に解釈する

ということで、その分、期待に応えられるように、しっかりと（政策事実を積み上げて）条例をつくらなければいけないということである。

この判例の使い方であるが、要するに○（条例ができる場合）をねらうということである。

使ってみると、この判例の考え方は、実に使い勝手がよいことが分かる。

その実践的な取組みのひとつが、熊本市の条例づくりである。

改正前の住民基本台帳法は、「何人《なんぴと》でも」住民票の閲覧請求ができたが、この制度を使って、名簿業者等が、名簿の作成を行っていた（二〇歳になる女性のリストをつくり、成人式の着物の購入を勧めるダイレクトメールを送る等）。なかには、この制度を悪用して犯罪に及ぶという事例も発生したため、住民票の閲覧請求を条例で制限できないかという課題である。

この難問に最初に取り組んだのが熊本市である（熊本市住民基本台帳に係る個人情報の保護に関する条例）。単純に考えると、法律よりも厳しい規制を行うことの理論的説明は、困難のように見えるが、それを乗り越えるヒントは、徳島市公安条例判決の◯をねらうである（そのロジックを一度、考えてみてほしい）。

そして、熊本市の取組みをバックアップし、推し進めたのが、議員による条例づくりである。全国で、熊本市と同じ条例が議員提案でつくられ（川越市、さいたま市等）、その蓄積が国を動かし、結局、住民基本台帳法の改正につながっていった。議員提案の政策条例の意義について、大いに自信を持ってもらいたい。

(5)公平・バランス、つまり総合的調和が取れていること

これが一番肝要である。次のような原則で示される。

・権利濫用の禁止の原則

権限の行使にあたっては、その目的が不当なもので、社会的妥当性を欠くものであってはならないという原則である。

個室付浴場の開業を阻止するために、一定の距離内に児童福祉施設（児童遊園）を急遽、設置することを県が積極的に指導し、町がこれに応じて設置認可の申請を行い、知事も短期間でこれを認可したケースについて、行政権の著しい濫用とされている（最高裁昭和五三年五月二六日判決）。

・平等の原則

正当な理由なしに、異なる取扱いをしてはいけないという原則である。

公の施設に関して、自治体は、正当な理由がない限り、住民が公の施設を利用することを拒んではならず、住民が公の施設を利用することについて、不当な差別的取扱いをしてはならないとされている（法第二四四条）。

・信義誠実の原則

相手方の信頼を裏切らないよう行動すべきであるという原則である。

村が村議会の議決を経た上で、工場の建設・操業に全面的に協力することを言明して、工場を誘致しておきながら、選挙で当選した新村長が、方針を変更して、工場建設の途中でこれに対する協力を拒否した場合は、この原則に反することになる（最高裁昭和五六年一月二七日判決）。

・比例の原則

目的と手段が比例していなければいけないという原則である。

飯盛町旅館建築規制条例違反判決では、「条例により旅館業法よりも強度の規制を行うには、それに相応する合理性、すなわち、これを行う必要性が存在し、かつ、規制手段が右必要性に比例した相当なものであることがいずれも肯定されなければならず、もし、これが肯定されない場合には、当該条例の規制は、比例の原則に反し、旅館業法の趣旨に背馳するものとして違法、無効になるというべきである」（福岡高判昭和五八年三月七日判決）としている。逆にいうと、目的と手段のバランスが取れていれば、法律よりも強度の規制ができるということである。

以上のことは、言葉にすると何か難しいが、要は「もっともかどうか」である。道理にかなっていれば通用するという当然のことをいっているにすぎない。そのバランス感覚の体得であるが、大勢の中で議論すれば、自然に中庸に落ち着くことになる。

4　実際によい条例をつくる技術――一〇のポイント

政策条例のつくり方については、これまでの体験を踏まえて、『政策条例のつくりかた』（第一法規、二〇一〇年）に詳しく書いた。ここでは、実際によい条例をつくる際のコツを紹介しよう。

(1) 条例検討チェックリスト

議員提案で政策条例をつくる際のチェックリストをつくってみた。実践的なリストだと思うので、大いに活用してほしい（**表2**）。

(2) 一〇のポイント

●ポイント①　目的規定では時間を使い、大いに議論する

大いに議論すべきは条例の目的である。なぜこの条例が必要なのか、条例によって何を実現しようとするのかが、この目的規定に凝縮されることになる。目的規定は、つくろうとする条例の

表２　条例検討チェックシート

Ⅰ　条例の必要性・目的	1　必要性（条例が必要な理由，背景）	(1)　事実の説明（客観的裏付け） ・実証的な事実 ・科学的な事実 ・専門的知見の裏付けのある事実
		(2)　市民の意向・動向（ニーズ等）
	2　対応（規制）の必要性・合理性	(1)　現行の法令，条例等の規制では対応できないこと
		(2)　他の先進事例を見ると条例による手段が有効であること
		(3)　条例以外の手法・他のより制限的でない手法では足りないこと（規則，内部要綱，予算上の措置等では十分でないこと）
	3　目的（この条例で何を目的とするのか）	・目的規定の明確化
		・自治体の政策体系に整合していること
Ⅱ　法的適確性	1　自治体の事務であること	地方自治法第２条第２項の事務
	2　規則の所管事項でないこと	規則の専属的所管事項は条例ができない
	3　憲法の基本的人権の保障に抵触しないこと	＊二重の基準論
	4　白紙委任等の禁止	条例から規則等に委任する場合は，白紙委任や広範な委任でないこと
	5　法律の範囲内	＊徳島市公安条例判決の基準
	6　立法内容の総合的調和性	権利濫用の原則，信義誠実の原則，平等の原則，比例の原則
Ⅲ　制度設計上のポイント	1　対応（規制）しようとする事項が明確であること	(1)　主体（誰が）
		(2)　客体（何を）
		(3)　規制される行為・不作為（どうする，どうしない）

	2 実効性があること	(1) どのような実体的規定（措置）を用意できるか ・規制に関する事項 ・支援・誘導に関する事項 ・普及・啓発に関する事項 ・方針・体制の整備に関する事項
		(2) 内容が市民の理解が得られるものであること
		(3) 関係者との調整が行われていること
		(4) 罰則を規定する場合 ・罰則以外の行政上の手段では足りないこと ・行政上の秩序罰（過料）との選択可能性 ・直罰か間接罰か ・罰則を発動することが現実に可能か ・保護法益及び構成要件の明確性 ・地方検察庁との協議
	3 不利益処分の事前手続	処分に至るまでの事前手続が適切であること
Ⅳ 条文化	1 目的	十分議論すること
	2 定義	重要度も加味して規定
	3 規定の順番	＊責務規定など
	4 法制執務のルールに合致していること	・表現の正確性（用語，表現構成） ・表現の平明性（用語の簡略性，形式の整然性）
Ⅴ その他	1 施行期日	・周知期間は適切か
	2 経過措置・例外事由を設ける	・要不要とその理由
	3 その他の配慮事項	・公表のタイミング，広報上の力点の置き方等

大黒柱である。条例づくりの過程で、迷うことや厳しい批判を受けることがあるが、この目的に戻って考えれば、必ず乗り切ることができる。その分、目的を揺るぎないものにすることに、時間と労力を惜しむべきではない。

具体的には、目的を文章化してみることである。一字一句おろそかにせず書いてほしい。自然に、この条例で目指すことが明確になる。裏付けがきちんと取れていないと、自信をもって文章化できない。目的が書けると目標が共有化され、外に向かって、条例の意義をよどみなく説明できるようになる。

大げさと感じるかもしれないが、目的ができると条例づくりの半分が終わったようなものである。第二条以下の規定が、思いのほかスムーズに出てくる。

●ポイント②　調査はしっかりとやる

政策課題が設定され、条例化することが決まると、政策事実の調査を行う。

政策事実とは、政策（条例）の基礎にあって、その合理性を支える社会的、経済的、文化的な事実である。つまり、条例では、①条例の目的、②条例の内容、③条例目的達成手段等に関する合理性が、条例立案当時も、そして現在も事実で基礎づけられていることが必要である。こうした積み上げがないのが、作文条例（コピー条例、パッチワーク条例）である。

表３　政策条例づくりで調査すべき事項

①	理論・理念
②	法律・条例等
③	実態（現行制度の運用も含む）に関する事項
④	市民（事業者）意識・意向
⑤	他自治体等における先行事例
⑥	海外事例
⑦	社会やマスコミ等の動向
⑧	首長の意向（マニフェスト等）
⑨	行政内部の事情（総合計画等）
⑩	国や都道府県の動向
⑪	政策利害関係者（事業者・議員等）の意向・動向

政策条例のプロセスから見ると、次のような事項が調査対象となる。

・政策課題の現状・対応の必要性の調査――政策事実の調査は、この点が中心である。この調査を十分に行わないと、政策課題に対する対応策（施策）が頼りないものになってしまう。

・基本理念・最終目標の調査――この点を曖昧にすると、政策づくりの途中で、軋轢・圧力が生じたときに、政策の軸がぶれてしまうからである。条例では目的の部分に当たる。

・施策メニュー・実施手法の調査――これを明確に詰めておかないと、理念倒れの空虚な条例になってしまう。実効性の重要な要素である。

・これらを担える資源・権限の調査――この点が不十分だと、実効性を担保できない。

表4　市民参加の方法

(1)	審議会・検討委員会
(2)	市民会議
(3)	市民政策提案手続き
(4)	ワークショップ
(5)	パブリックコメント手続き
(6)	市民説明会・公聴会
(7)	住民アンケート
(8)	住民投票
(9)	その他の方法（シンポジウム，フォーラム，電子会議室等）

それぞれの段階で調査すべき事項は、**表3**のように多岐にわたる。

●ポイント③　市民の意向・動向をきちんと把握する

可能な範囲でよいが、できる限り、市民の意向・動向を確認する機会をつくろう。アンケート、タウンミーティング、パブリックコメントなど方法は多種多様である（**表4**）。とりわけワークショップによる市民意向の把握は必須である。

他方、市民の意向通りに政策（条例）をつくればよいというものではない。多数の市民がイエスといっても、「それは違う」という矜持が、自治の経営者である議員にも求められる。

●ポイント④　まじめに議論する

議会・議員の意見と市民や行政の意見が、まったく同じというのは考えにくい。立場や行動原理が異なれば、違いが出てきて当然だからである。実は、これまでの自治の世界で、最も欠けていたのが、両者の溝を埋める努力である。その気もないのに、受け入れるかのような仕草をするから、相手は理解されたと誤解し、結果的に裏切られたと思って、不信を募らすことになる。

両者の溝を埋めるコツは、まじめに議論することである。それが私の実体験である。一見すると乖離しているように見える行政案と市民案の調整役（流山市自治基本条例策定調整会議）を引き受けたことがあるが、両者がまじめに議論していると、不思議なことが起こってくる。仲間意識と信頼関係が生まれてくるのである。これができると、その後の調整はどんどん進む。

意見の違いを出発点に、双方が、互いの言い分を聞いて、主張し、妥協し、そして妥結点に至るという作業は、相手を批判するだけの活動（これは結局は相手への依存・甘えである）よりもずっと難易度は高いが、しかし、これができないと、結局、自治はできないことになる。この協議のなかで、それぞれの関係者が、いくつかの不満を抱え込むということになるが、それを許容するのが民主主義でもある。

簡単なことではないことは承知しているが、少しずつ、踏み出していくときである。

●ポイント⑤　執行部との連携する

政策条例は、執行されてはじめて意味があるから、執行機関との協議・調整は不可欠となる。

行政内部では、「予算を伴うこととなる条例、規則等を定めるときは、担当課は、あらかじめ財政担当課に協議しなければならない」（予算の編成及び執行に関する規則）と定められている。議員提案の政策条例でも、政策を事業化する事業担当セクションのほか、財政課等の予算担当、人事課等の組織・機構や人事担当、その他事業を推進する上で協力が必要な行政内部の関係課との協議・調整も必要になる。

現時点では、議会と行政との協議・調整の場はもちろん、協議・調整のルールも規定されていないだろう。その制度設計にあたっては、①個別の交渉ではなく、常設の協議・調整会議方式とする。②早い段階から、協議・調整を繰り返していく。③協議・調整の過程や結果を公開することがポイントになろう。③の公開は、公平な決着点をリードする要因になる。

なお、協議・調整のルールは、お互いの顔が見える小さな自治体と大規模自治体とでは、おのずと違ってくる。この制度づくりは、一朝一夕ではできないので、試行錯誤を繰り返して、現実的・実質的なものにしていってほしい。

●ポイント⑥　より効果的な政策実現手法を選択する

政策の実現手法は、市民や企業等に直接働きかけることによって政策目的を実現するもの（社会働きかけ型手法）と自治体自らが計画実施することで政策目的を実現するもの（行政自己完結型手法）に分けることができる（**表5**）。

表５　政策実現手法のメニュー

行政自己完結型手法	行政自らが，行政経費を用いて直接行う手法	●事業手法（行政が直接事業を行う）
		●計画的手法（計画を定め，市民，事業者を管理・誘導する）
		●買い上げ・管理契約手法（予算を使って，一定の財やサービスを購入・管理する）
社会働きかけ型手法	㈠普及・啓発手法 不特定多数を相手に，その意識やモラルに働きかける手法	● PR・広報
		●シンポジウム，イベントの実施
		●キャンペーンの実施
	㈡誘導・支援手法 人が動く場合は何らかの動機（誘因）がある。①金銭的利益を求める金銭的誘因，②名誉や名声，地位や権力を求める社会的誘因，③満足や生きがいなどの心理的誘因，④倫理や宗教を背景に持つ道徳的誘因であるが，これら誘因をテコに政策実現を図る手法	●教育の推進
		●情報提供システムの構築
		●相談・コンサルティング
		●自主活動の誘導
		●自主的な取り組み
		●顕彰，表彰
		●経済的手法（経済的助成措置，経済的負担措置）
		●社会的認知・信用の付与
		●場所，拠点，推進体制の整備
		●人材育成
	㈢規制・指導手法 規制的手法は，法律や法律に基づく行政処分によって，命令・禁止し，その違反は，強制執行，刑罰を適用する手法。行政指導的手法は，規制権限を背景とした行政指導によって政策目的を達成する手法	●行政上の強制執行
		●罰則（２年以下の懲役若しくは禁錮，100万円以下の罰金，拘留，科料）
		●過料（５万円以下の過料）
		●公表制度
		●給付の拒否
		●手続的規制（許可，認可，届出）
		●行政上の義務・命令（措置命令，改善命令，是正命令，停止命令，許認可の取消し）
	㈣合意的手法	●協定

政策づくりを政府が担っていた時代には、自治体政府自らが実践する率先垂範手法が多用された。しかし、公共領域の広がりと民間（企業やＮＰＯ）が力をつけてきたなかで、自治体政府が実施するだけでは政策目的を達成できなくなってきた。そこに財政難が追い討ちをかける。今日では、社会働きかけ手法が重要になっている。

この社会働きかけ手法は、市民や企業等に対する働きかけの強さや程度によって、①普及・啓発手法、②誘導・支援手法、③規制・指導手法に分けることができる。

このうち中心となるのが、誘導・支援手法である。効果のあるものを重点に、その他有効な手法を重層的に積み重ねていくことになる。

●ポイント⑦　法制執務の技術は覚える必要がない

法制執務とは、法令を立案する場合に心掛けるべき諸原理や諸技術を意味する。条例は法規範であるから、その内容が誰にでも誤解なく正確に伝わることが必要である。そこから、おのずと表現方法等に関する取決めができあがる。

議員が法制執務の技術を体得できれば、それに越したことはないが、政策条例づくりでは、すでに述べたように、やるべきことが山ほどある。

条例づくりを離れても、議員がやるべきこと、覚えなければいけないことは山ほどあるだろう。

法制執務を覚える時間があれば、そちらを大いに勉強して、市民の期待に応えてほしい。法制執務まではとても手が回らないというのが実際だろう。

法制執務は、基本的には事務局が担うべき役割だろう。議員の意向を踏まえて、ルールに則った条例文を書くことである。加えて、事務局には、条例内容の実現に関する知恵・アイディアを出すことも期待したい。事務局も少数で、なかなか手が回らないという実情もあろう。ならば法制執務は、執行部と相談してもよい。執行部の法制担当は、議会の意向を十分踏まえて、条例文を書いてほしい。立場の違いがどうしても割り切れないとしたら、兼務辞令を出せばよい。議員に求められるのは、こうした専門家を動員してそれを形にする力である。

●ポイント⑧　心して公開や市民参加を徹底する

政策立案に関して、権限・資格とも乏しい議会・議員のほとんど唯一の強みといってよいのが、市民との近さである。本来、市民と密接な関係にあるはずの議会・議員が、執行部よりも距離があるというのは奇妙である。この距離の遠さが、市民の不信の原因になっている。市民と近いという強みを活かすには、活かす技術を体得しなければいけない。ワークショップの技術等であるが、これについては第Ⅳ章で解説している。

●ポイント⑨　議会事務局の力を引き出す

市長部局からの出向者で構成される議会事務局職員は、人手不足や早い異動等があいまって、仕事の中心は、議会事務の円滑化になりがちである。その分、調査や政策提案は手薄になりやすい。

調査・立法機能の充実を核にした議会事務局の思い切った拡大・増員については、いくつかの提言（『分権時代に対応した新たな町村議会の活性化方策――最終報告――平成一八年五月』全国町村議長会）もあるが、議員自身や自治体職員の定数削減が進むなか、そう簡単には実現できることではない。現行スタッフを基本に、地道によい仕事をしていくしかないだろう。自前で間に合わなければ、地域の市民やＮＰＯ、シンクタンク、大学・研究機関や弁護士会などと連携して、政策法務能力の向上を目指すべきである。議会・議員が優れた政策提案を行うようになれば、市長部局からの出向希望者も増えてくる。

●ポイント⑩　議会において活発な議論を行う

これまで議員提案の政策条例は、議員全員の発議、合意を基本としてきた。しかし、今後は、議員有志で研究プロジェクトをつくって検討・発案し、多数決による採決も増えてくる。そもそも地方政治では、政党政治はなじまず、共通の関心のある議員同士で、政策条例を提案するのがひとつの姿である。条例に関する調査、調整、仕組みづくりは、実際には一人ではできないので、プロジェクトチーム方式は有用である。

合議体である議会の場合、政策条例の検討開始、内容の合意など、さまざまな場面で調整が必要になる。議長のリーダーシップがこれまで以上に重要になってこよう。

議長は、議員提案の政策条例を審議する場で、執行部側からの疑義を聞き、また双方で知恵を出す機会をつくることも考えてよいだろう（執行部側の出席権、質問権、意見表明権など）。

Ⅳ　議員提案の政策条例の足元から——二つの提言

議員提案の政策条例というと、他自治体の先を行く先進条例やオンリーワン条例に目がいきがちである。目標は高く持つべきであるが、土台もしっかりと固め直す必要がある。

1　地道な条例づくりから——一部改正条例の改革

(1) 何が問題なのか

・条例制定の七割が一部改正条例

議会が一年間で最も多く制定する条例は、実は一部改正条例である。**表1**は、平成一九年度に全国町村議会に付議された条例の内訳であるが、一部改正条例は全体の約七割にも及んでいる。

表１　付議事件の条例の内訳

区　分		町村長	議員・議長	委員会	総件数
条　例	総議案件数	25,427	1,743	59	27,229
	内　一部改正条例	18,030	1,445	48	19,523
	内　廃止条例	1,167	11	0	1,178
	内　制定条例	5,071	152	10	5,233
	内　内容不明条例	1,159	135	1	1,295

（注）　内容不明条例は，議案名記入箇所が空白であったもの，議案番号のみの記入，および「条例」とのみの記入等の理由により，一部改正，廃止，制定の判断ができなかったものである。

なお，本調査については，全国町村議会議長会議事調査部の廣瀬始氏にご協力いただいた。お忙しいなか誠実な対応をいただき感謝申し上げたい。

（資料）　第53回町村議会実態調査結果の概要から。

自治体において、条例制定というと一部改正条例の制定といっても過言ではないであろう。

世間の注目を浴びる先進条例を打ち上げるのもよいが、まずは、こうした地道なところから、議員提案の政策条例づくりを実践していくことが大事である。

・地方分権で法制執務も影響を受けないわけはない

地方分権で、自治体がつくる条例の範囲や内容、つくり方が大きく変わった。それによって法務の一部である法制執務が影響を受けないはずはない。人口減少・少子高齢化、厳しい財政事情のなかで、従来の行政・議会だけが自治を担うというやり方では、もはや自治がもたなくなっている。これまでの仕組みを改め、行政、議会、市民という自治体の全員が、自治の当事者になるという自治の原則に立ち戻り、自治体の全員が、まちのことをわがことのように思い、知恵を出すという民主制の原則に戻らなければ、私たちの日々の暮らしが守れない（私は、それを「野球は九人でやろう」といっている）。

そのためにも、自治体のすべての分野で見直しが必要になるが、法制執務についても、行政・議会だけが分かるという内向きの作法を改め、市民が自治の当事者（野球の九人）になれるように再構築していくことが急務である。一部改正条例の改正方式も、一度、基本にさかのぼって考え直さざるをえないだろう。

(2) これまでの方式——改め文方式の意義と課題

・改め文とは

法令の一部改正については、わが国では、従来から溶け込み方式によって行っている。

溶け込み方式とは、「一部改正の法令それ自体独立した法令でありながら、施行されると同時に、一部改正法令の内容は、改正の対象となった法令の内容に溶け込むという方式である。そのため、一部改正法令の本則は、施行とともになくなり、附則だけが溶け込みようがなく、残ることとなる」（武蔵村山市公文規程）とされるものである。それゆえ一部改正法令は、「例規集にのらない法令」とされるが、確かにうまい表現だと思う。

その溶け込むために改正文を書く手法が改め文である。改め文とは何かについては、法制担当の職員にとっては周知のことであるが、市民はもちろんのこと、議員にとってもよく分からないのが実際だろう（ここが私の問題意識の根源でもある）。

たまたまインターネットで検索した例であるが、「長野県白馬ジャンプ競技場条例（平成四年長野県条例第三六号）の一部を改正する条例案」（以下、白馬ジャンプ場改正条例）がある。それには次のように書かれている。


第一条中「」の規定」を「。以下「法」という。）の規定」に改める。

第三条の見出し中「使用」を「利用」に改め、同条中「使用」を「利用」に、「知事」を「次条の規定によりその管理を行わせる指定管理者（法第二四四条の二第三項に規定する指定管理者をいう。以下同じ。）」に改める。


これが改め文である。そして、これが一部改正条例でもある。

付属資料の新旧対照表を見ながら、その内容を簡単に確認しよう。

表2　長野県白馬ジャンプ競技場条例新旧対照表

改正案	現　行
（趣旨） 第1条　この条例は，地方自治法（昭和22年法律第67号。以下「法」という。）の規定に基づき，ジャンプ競技場の設置及びその管理等に関し必要な事項を定めるものとする。	（趣旨） 第1条　この条例は，地方自治法（昭和22年法律第67号）の規定に基づき，ジャンプ競技場の設置及びその管理等に関し必要な事項を定めるものとする。
第2条　略	第2条　略
（利用の許可） 第3条　競技場を利用しようとする者は，次条の規定によりその管理を行わせる指定管理者（法第244条の2第3項に規定する指定管理者をいう。以下同じ。）の許可を受けなければならない。	（使用の許可） 第3条　競技場を使用しようとする者は，知事の許可を受けなければならない。
（指定管理者による管理） 第4条　競技場の管理は，指定管理者に行わせるものとする。	

（以下略）

まず、第一条である。何か思わせぶりの改め文であるが、新旧対照表を見ると、単なる技術的な規定であることがはっきりする。いちいち地方自治法を引用するのがくどいことから、「法」と呼びあらわすといっているにすぎない。

改め文では第二条がないが、この新旧対照表を見ると特に改正がなく変更がないことが分かる。

第三条は、指定管理者

制度の導入に伴う改正である。改め文でもそれなりの意図が伝わってくるが、新旧対照表を見ると、指定管理者制度の導入との関係がより鮮明になる。

一部改正を改め文方式で行うことに関しては、特別の根拠法や取扱い基準はない。内閣法制局が採用している一三〇年以上の伝統の手法である。

この方式は、改正事項をピンポイントで指定し、改正事項を簡潔かつ明確に表現できるという利点もあり、また全国的に統一され、長い歴史のなかで確立された方式であることから、改正作業を担当する職員にとっては所与のものとして（特に疑問を持たずに）、多くの自治体で採用されている。

・改め文方式の課題

こうした改め文であるが、いくつかの課題がある。

①市民・議員にとって分かりにくい

最大の問題は、この改正事項を伝えたいと思っている市民、市民の代表としてさまざまな視点から審議しなければいけない議員にとって、分かりにくいことである（もう少しいうと、「伝えたいと思っているのか」という根本的な問題が横たわっている。つまり、誰を名宛人に、この条例をつくっているのかである。改め文を見ると、改正作業を行う人に改正すべき事項を指示している条例のように見える）。

冒頭の白馬ジャンプ場改正条例を見ても、到底分かりやすいとはいえないであろう。この点は構造的ともいえる弱点である。

②作業の困難さ

作業の困難さは、担当する職員の負担に関する問題である。

改め文は、原則通りに作業をしている限りでは、さほど難易度が高いものではないが、これを難しいものにしているのは、膨大な例外の存在である。一部改正をめぐっては分厚いテキストがあるが、それはこの例外をたくさん紹介しているために、厚くなってしまっているのである。

一例をあげると、順次改正の原則というのがある。前の方から順次改正していくというものである。これ自体は分かりやすい原則である。しかし、「本文が全八条の条例で、その第五条と第六条との間に新たな一条を加える」といったケースでは、どのような改正文を書くのか。

この場合は、順次改正の原則によって、第五条、新六条、旧六条を新七条というように改正することはできずに、新六条のスペースを確保するために、後の条の改正を先に行うことになる。最後の第八条を第九条とする改正から先に行うのである。数字並べパズルのようであるが、これに各条の語句の改正等が加わると複雑になってしまう。覚えられないものではないが、初心者では大いに迷うし、時間も使う。使わなくてもよいエネルギーならば使わずに、市民サービスの向上に振り向けたほうがよい。

③結局使われないという厳しさ

苦労してつくった改正文（改め文）が、議会審議をする際に使われないという問題である。多くの自治体の議会審議では、「別に用意した新旧対照表をご覧ください」という運用が行われている。使われない資料に時間を取られるのはモチベーションも下がるし、それに税金をかけるのは社会的には大きな損失である。自治体はどこでも、生き残りをかけて肉を削ぐような削減を行っているが、そんな折り、「もったいない」というのが率直な感想である。

(3)新たな試み——新旧対照表方式の意義と課題

・新旧対照表方式とは

改め文方式を乗り越える試みが新旧対照表方式である。この方式を最初に導入したのは鳥取県で、当時の片山知事の強いリーダーシップで始まっている（平成一二年）。全国の導入状況は、正確なところはよく分からないが、私の調査では、**表3**に示した自治体で導入されている。

表３　新旧対照表方式の採用自治体

県	鳥取県，新潟県，岩手県，愛媛県，香川県，静岡県
市　区	さいたま市，岐阜市，那覇市，上山市，桶川市，春日部市，我孫子市，荒川区，武蔵野市，八王子市，小田原市，勝山市，四日市市，高山市，長岡京市，総社市，玉野市，日田市
町　村	奥尻町，福島町，雨竜町，大河原町，那須町，三朝町，加治木町
その他	木曽広域連合

・新旧対照表方式の利点

この方式のメリットは、次のような点である。

①分かりやすい

この方式の最大の利点は分かりやすいところである。新旧対照表方式では、改正部分をめぐって左右対称になっているので、どこが変更したかが一覧で分かる。ビジュアル的側面もあり、改め文よりは分かりやすいという点は否定できないであろう（先の白馬ジャンプ場改正条例で比べてほしい）。

②作業の容易性

改正作業も改め文よりも容易である。その理由は、順次改正の原則などの諸原則に忠実な方式だからである。スペースを空ける、無駄を排除するといった点で頭を捻る必要がないからである。

③経費節減

利点に経費節減を動機にあげている自治体もある。議会審議の四点セットのうち、改め文が不要ならば、その分の省力化ができるというのも確かであるが、むしろ、これを機会に紙の公報を止めたというのが経費節減の内容である。愛媛県では、紙の県報を止めて、原則としてホームページの掲載のみとした。香川県では、県報の印刷の取止めで年間約一二〇〇万円の経費が削減されたとしている。

経費の節減は、新旧対照表方式の導入と直接、連動するものではないが、自治体が既存のサービスを中止する場合には、相応の見返り、代替方法を示さないとやりにくいものである。「市民に分かりやすい方式に変更したので……」という理由づけに新旧対照表方式が使われている。

・新旧対照表方式の課題

この方式でもデメリットはある。

①正　確　性

改め文の場合は、改正部分を一つひとつ指し示しながら改正を行っていくので、正確性という点ではきわめて優れている。それに対して、新旧対照表方式は、制度設計にもよるが、指示がやや曖昧で、結果、読む人に行間を読ませることになるので、あえてひねくれて読めば、別の読み方ができてしまう場合もある。厳密に議論をすれば、改正の効力に疑念がないわけではないという議論もできよう（すでに三〇以上の自治体で運用されていることから、この議論は厳密にすぎるといえなくもない）。

②記述しにくいものもある

新旧対照表という枠のなかに表を入れるというので、とりわけ大部の表では無理が出てくる（給与条例の給料表など）。附則についても記述が面倒になるとの指摘もある。

この点に関しては、私は、統一的にすべてを新旧対照表方式で書く必要はないと考えている。要するに、市民や議員に理解してもらうことを基軸に考えていけばよいので、改め文のほうが分かりやすい場合は、それを使うなど（併用方式）、柔軟に対応すればよい。

③十分ではない

新旧対照表といっても、そこに示されるのは、改正があった部分である。したがって対照表だけ見ても、改正条例の全体像が分かるわけではない。改め文とは程度の違いで五十歩百歩であるというものである。確かにこの点は、工夫の余地がある（その意味で新旧対照表方式は過渡的な方式である）。

④その他

条例案自体の枚数が増えるというのは、その通りである（反面、新旧対照表はどうせつくるのだから、全体としては増えないという反論もある）。チェックする部分が多くなって負担が増えるという議論もある（その他は余事記載だから割り切ってしまえという議論もあるが、実際にはそうはいかないという意見もあろう）。なかには改め文を書けないと官報が読めなくなってしまうという意見もある。

(4)どのように考えるか――自治のあり方から

・これまでの議論――事務担当者としての立場から

一部改正方式の是非は、技術的で専門性が高いテーマである。しかも結果的に「溶け込んでしまう」ので、一部改正条例そのものが問題となることはなく、これまで社会的な関心をほとんど呼ばなかった。実際、この問題の論者もほとんどが、自治体の法務関係者である。

そのため、改め文方式に関しても、「慣れていて別に困らない」、「ロジカルなところが好きである」といった個人の好みレベルの議論や、「すでに頼りになるテキストもある」、「新旧対照表方式を新たに始めるのは、膨大なマニュアルと格闘することになってむしろ大変」といった事務レベルの議論が中心となっている。むろん、こうした議論も無視できないが、地方分権で自治体の仕事が変わったこと、あるいは自治の将来をにらむと、法務（一部改正方式を含む法制執務全体も）はこのままでよいのかといった根本的なところからの議論をしていく必要がある。その結果、改革が必要だとなったら、大変ではあるが、自治体職員は、一度、膨大なマニュアルと格闘しなければいけない。

・地方分権から考えると

地方分権以前には機関委任事務があり、市町村では三～四割、県では七～八割がこの事務であった。この時代ならば、地方が国のほうを向いて仕事をするのもそれなりの合理性があり、一部改正方式も国に準拠していればよかった。

しかし、地方分権で、自治体が国の指示通りに動く存在から、地域・住民を基盤として自主的・自立的な存在に転換していかざるをえなくなると、仕事の仕方も変わってくる。財政、組織などの改革が急ピッチで進められており、法務も同様だろう。

また、人口減少や少子高齢化が進むなか、税収は減少の一途をたどっていく一方、社会保障費はますます増大していく。このなかで、これまでのように、行政がすべて背負う方式では限界がある。法務も同様で、行政だけが理解できるやり方を続けていてはだめで、自治体のメンバーである市民、議員にも理解され、それぞれが、法規という武器をうまく使えるように、仕組みを開発していく必要がある。

新旧対照表方式には確かに課題もあるが、市民・議員を法務の当事者にし、市民・議員にも分かりやすい法務を目指す（野球のプレーヤーにする）という点で優れている方式である。抵抗はあるかもしれないが、思い切って踏み出す価値はあると思う。

(5) 新旧対照表方式の推進にあたって

・新旧対照表方式に関する条例

新旧対照表を常識的に読めば、改正事項等が別の意味に理解され、あらぬ誤解の受けるということにはならないであろう。しかし、下線等の意味をより正確に理解してもらい、改正事項等の指示・指定方法等に関して疑義が出ないようにするために、それをルールとして規定しておくべきだろう。その形式は、訓令等では足りず、条例とすべきである。それはこのルールが単なる内部事務処理のものではなく、自治の関係者九人で野球をするためのルールだからである。市民にも周知し、議会における議論でつくるべきである。

・議会・議員からの問題提起

鳥取県では、首長のリーダーシップで方式転換が行われたが、本来ならば、職員（行政内部）からの問題提起によって、これが俎上に上がり、それぞれの自治体ごとに議論されていくことが好ましい。しかし、すでに述べたように、自治体職員は新たな課題に、なかなか踏み出せないでいる。

本来、従来の改め文方式に強い問題意識を持つべきは、議員である。条例を審査する立場、市民の声を代弁していく立場からは、改め文方式に対する素朴な疑問が出てきて当然である。荒川区は、議員から提案を受けて、新旧対照表方式を導入したという経緯があるが、これは自然なことだと思う。最近、議会・議員の役割が問われているなかで、大向こうをねらった議員提案政策条例もよいが、議員の政策提案は、こうした地道な問題意識を具体的な形にしていくことで向上していくべきだろう（制度設計等にあたっては、松下啓一「新旧対照表方式の意義と展望（上・下）」『季刊自治体法務研究』二〇〇九年春号・夏号を参照してほしい）。

2　政策条例づくりに市民参加を——有効な参加技法

(1) 議会基本条例の策定過程

ア　議会基本条例の策定過程

議会基本条例とは、議会に関する基本的事項を定めた条例である。地方自治法には、議会の構成や運営に関する詳細な規定があるが、議会の政策立案や市民参加等に関する規定はほとんどないことから、その空白を補うのが議会基本条例で、北海道栗山町を嚆矢として多くの議会でつくられている。

主な内容は、次のような事項である。

①議会と住民の関係

市民の思いを代弁する機能の強化である。議会報告会は、議員が地元以外にも出向いて、議会活動の報告や市政課題についての意見交換を行うものである。議会と市民の距離を縮めるとともに、支持者以外の市民に説明することで、議員を鍛えることになる。また、重要案件の論点・争点を市民に分かりやすく提示することで、市民が自ら考え、判断する機会を与えることにもなる。その他、市民に開かれた議会として、会議の公開や議会の情報公開、議案に対する議員の賛否の公表等がある。

②議会と執行部との関係

監視機能、政策提案機能の強化である。執行部の反問権は、論点争点を明確にするためのものである。注目すべきは、政策形成過程に関する資料提出・説明義務である。首長等が政策提案をする場合に、政策等の発生源、検討した代替案、他の自治体の政策、総合計画上の根拠又は位置づけ、関係する法令及び条例等、財源、および将来のコスト計算などを説明するように努めると

図１　議会基本条例の位置づけ

自治基本条例

議会に関する章（規定）　行政に関する章（規定）　市民に関する章（規定）

議会基本条例　政策条例　政策条例

- 総則関係
- 議会と住民との関係……議会報告会等の開催，議会中継
- 議会と執行部との関係……一問一答方式の導入，執行部反問権の付与
- 議会の機能強化……自由討議（議員間討議），専門的知見の活用
- 政務調査費，研修
- 身分，待遇，政治倫理
- 最高規範性，見直し手続

されている。政策事実を踏まえた議論を行おうというものである。これは逆に、議会が提案する政策にも同様の資料、説明が求められるということである。一問一答方式の導入、議決事項の追加等も、議会の政策提案機能を強化するものである。

③議会運営の改革

討議の場としての議会の実現である。現状では、審議の大半は、執行機関への質問・答弁に始終し、討議の場という意義が活かされていない。議員相互の自由討議によって、多様な意見を提示するとともに、よりよい政策提案につなげることができる。その他、専門的知見の活用、付属機関の設置、議案に対する議員の賛否の公表、議会事務局の体制整備等も議会の政策提案機能を強化するものである。

④議員の役割・責任の見直し

政務調査費や研修の機会を政策提案に積極的に活用していくべきである。その他、政治倫理、議員定数、議員報酬等が規定されている。

イ　策定過程における市民との対話

●議会基本条例の策定過程に関する調査から

相模女子大学学生による共同研究チームでは、平成二二年度に議会基本条例の全国調査を行った。議会基本条例を制定している都道府県及び市町村議会を対象に、その制定過程に関する調査を行ったもので、調査対象議会は一〇〇議会で、有効回答は九二議会、回収率は九二％となった。

調査結果のまとめは、別の機会としたいが、この調査のなかで、「条例の検討過程において、市民意識や意向を聞く調査を実施したか」を聞いている。

回答を見ると、「実施した」という回答は、九二議会中一七議会（一八％）にとどまった。実施した議会でも、実施回数は一回と答えた議会が大半であった（伊賀市議会は、五六回も行ったという回答であった）。

また、「この条例の検討組織として、市民や学識者等の外部委員が参加した検討委員会を設置したか」を聞いているが、設置したというのは、会津若松市議会のみであった（委員構成は、議員七名、市民委員一名、学識経験委員一名で構成されている。市民委員については、市ホームページ等で募集したとのことである)。

市民が、議会・議員に対して持つ不満・不信の原因が、市民との対話や情報発信の不足であると考えると、議会基本条例のような条例が、市民参加が十分に行われず策定されるのは妥当ではない。策定の初期段階から、多様な市民参加を取り入れるべきだろう。

●議員提案の政策条例づくりと市民参加

議員提案の政策条例でも、市民参加を進めるべきというのは、考え方として理解できるが、他方、現実の市民参加を見ると、乗り越えるべき課題もあり、それが市民参加を躊躇させる原因になっているという指摘は重要である。躊躇する最大の理由は、参加者が、果たして一般市民の思いを代弁しているのか、いい換えると偏った意見ではないかという疑念である。

市民参加の方式には、指名型と自由公募型があるが、指名型市民参加では、指名する側のイニシアティブが働くから、参加する市民は、議会にとって都合のよい市民と思われてしまう。この場合、一般市民から、市民参加といっても、「一般市民の思いを十分、代弁していない」との批判を受けることになる。他方、自由公募型市民参加の場合、参加者は誰にでも開かれているが、現実に参加するのは、限られたごく一部の市民である。熱意と思いがある市民ではあるが、逆に、その思いの強さが、「一般市民の思いとは乖離している」という不安を呼ぶことになる。

これらの疑念が悪い形で現実化すると、市民参加はこりごりという不信感を蓄積し、次の市民参加を躊躇させる要因になってしまう。こうした課題を克服し、市民参加を実質化するためには、あるべき論にとどまらず、参加を実質化する仕組み、技術の開発が急務である。私自身は、さまざまな実践を行っているが、本書では次の二つの取組みを紹介したい。

(2)無作為抽出型市民参加方式

ア　無作為抽出型市民参加方式（プラーヌンクスツェレ）とは

●プラーヌンクスツェレとは

プラーヌンクスツェレは、ドイツが起源の住民参加手法である。実際にドイツで行われている制度は、一つのパターンでは収まらないが、標準的には、次のようなプロセスを経る（鈴木和隆「新潟市における住民自治活性化のための行政のあり方に関する研究――プラーヌンクスツェレ方式による住民参加の推進」（政策研究大学院大学修士論文）から引用）。

1　解決が必要な、真剣な課題に対して実施する。

2　参加者は住民台帳から無作為で抽出する。

3　有償で一定期間の参加（四日間が標準）。

4　中立的独立機関が実施機関となり、プログラムを決定する。

5　ひとつのプラーヌンクスツェレは原則二五名で構成し複数開催する。二名の進行役がつく。

6　専門家、利害関係者から情報提供を受ける。

7　毎回メンバーチェンジしながら、約五人の小グループで、参加者のみが討議を繰り返す。

8　「市民答申」という形で報告書を作成し、参加した市民が正式な形で委託者に渡す。

●日本における取組み

日本では、平成一七年七月に、東京青年会議所（東京ＪＣ）が行った取組みが最初である。自治体の中で、プラーヌンクスツェレに先駆的に取り組んだのが三鷹市である。平成一八年から三鷹青年会議所とパートナーシップ協定を締結し、実践している。三鷹市といえば、みたか市民プラン21会議（白紙からの市民参加）、ｅ市民参加（ＩＣＴ（インフォーメーション・コミュニケーション・テクノロジー）を利用した市民参加）等といった先駆的な取組みを行ってきたが、それにもかかわらず、無作為抽出型市民参加方式に着目したという点は、示唆的である。

三鷹市の仕組みは、①対象者を住民票から無作為抽出して、参加依頼する。②参加者には謝礼を支払う。③少人数（五～六人）のグループで話し合う。④各話し合いの前に現状・課題等を情報提供を行う。⑤話し合いの結果は市民意見として公表するというものである。

実績を見ると、住民票で一〇〇〇人を抽出するが、実際に参加するのは五～六％である。全市民の年代別構成比と比較すると、参加者は六〇代が多くなり、二〇代は少なくなっているが、それでも二〇代、三〇代の市民が相当数、参加するという点は特筆すべきである。

イ　無作為抽出型市民参加方式の可能性

●新たな市民の掘り起こし

この方式の意義は、無作為抽出によって参加者を選定するという点にある。

三鷹市では、参加者に、「これまで、市政に参加した経験があるかどうか」を聞いているが、大半は、「参加した経験はない」（九八％）市民である。無作為抽出型市民参加方式で参加する市民は、自らは手を上げるわけではないが、役所から声がかかったので参加しようという人たちである。自治・まちづくりへの参加者が少なく、固定化していることを考えると、新たな市民の掘り起こし策としての可能性がある。

●意識の高い市民を自治の世界へ

この方式は、これまで市政には参加してこなかった市民の平均的意見（サイレントマジョリテ

無作為抽出型市民参加（小田原市）

ィ）を取り入れる試みでもある。抽選に当たったから参加したという市民が圧倒的多数ということは、所期の目的を達成しているといえる。

他方、参加者が五～六％にとどまっているという点では、声なき声の人たちを十分に反映しているとまではいえないであろう。参加者が年代的に若干偏るという点も、注意すべきである。

むしろ重要なのは、この五～六％の市民は意識の高い人たちであるという点である。そうした人たちを自治の世界に引き込む手法としての有効な方法である点に着目すべきだろう。

●多少の経済的なインセンティブ

ドイツの手法では、対価としての参加報酬を払う。有償参加とすることで、参加者の責任感・積極性を誘発すると考えるからである。日本でも、この方式を採用する場合には、謝礼を払うことが多いが、ただし、一日拘束して三〇〇〇円前後なので、ドイツのような休業補償的な意味にはなっていない。

有償参加については、プラーヌンクスツェレ特有の仕組みであるが、自治の関係者にとっては違和感がある部分である。多くの市民が無償で地域活動をしているなかで、なぜ、これだけが有償なのかという疑念が出るからである。他方、いくらボランティアといっても、交通費等はかかるので、せめて実費程度は支払えないかという気持ちも理解できる。

参考になるのは、秦野市の地域貢献券である。秦野市の総合計画策定では、会議への参加時間に応じて、地域貢献券という公共施設の利用にのみ使える券を市民に配布している。一枚あたり二〇〇円に相当する券であるが、券を三枚貯めると、市内の鶴巻温泉の日帰り風呂には入ることができる。ユニークであるし、公共施設の利用促進という意味でも理にかなっている。今後は、地域通貨やポイント制度などを使う方法も開発してみたらどうだろうか。

ウ　無作為抽出型市民参加方式の展望

プラーヌンクスツェレは、ドイツでは、決定方式としても活用されるが、日本では、そこまでの正統性を認めるのは無理である。つまり、一日か二日で、複雑な課題を決定するのはあまりに乱暴だからである。実際、私の体験でも、提供する情報によって市民の判断が大きく違ってくる。改善・改良すべき点がまだまだある制度といえよう。また抽選に当たった市民のうち、実際に参加するのが五〜六％にとどまるという点も、代表性という点で問題がある。他方、この方式は、従来の市民参加の限界を超える可能性を持った政策手法であることは間違いなく、とりわけ意識が高い市民の参加を促す方式としては魅力的である。

参加といえば自主性が基本であるにもかかわらず、参加する市民を抽選で当てるという点にやや違和感があると思うが、しかし、考えてみると、これはジャンケンでいうところの、最初はグーの部分である。参加の本質は、加わってからで、議論のなかで、自分の意見を主張し、他者の意見を聞き、そして、よりよい答えを出していくのが重要である。加わるきっかけには、こだわる必要はないであろう。

市民参加の重要性が説かれながら、現実の市民参加には閉塞感があるなかで、この無作為抽出型市民参加方式は、今後、期待を込めて、多くの自治体で検討されていくことになろう。

⑶ワークショップをやってみよう

・ワークショップとは

ワークショップとは、参加者が、互いの意見や立場を理解し合いながら、共同作業を通じて（手や体を動かしながら）、目標に向かって、知恵やアイディアを出し合い、意見をまとめ、現実的で実現可能な計画を立案していく手法である。

決定過程を参加者全員で共有することで、①当事者意識・参加意識が生まれる、②決まったことに愛着が生まれる、③なぜそうなったのかをよく理解できる（意義や背景、限界がよく分かる）、④互いの考えや立場の違いを理解できる、⑤市民一人ひとりが、自立や主体性を高めていくことができるといったメリットがある。

その際、ポストイット（付けたり剥がしたりできる付箋）を使うと、声の小さい人、話のが苦手な人も発言でき、誰もが水平の関係で参加できる。

・ワークショップの基本的な流れ

ワークショップのやり方については、テーマや参加者によって異なってくるが、ここでは、私が政策条例づくりで実践しているポストイットワークショップを紹介しよう（ワークショップの実践については、ワークショップ・ファシリテーター今井邦人氏から学ぶところが多い。本章を執筆するにあたっても、多大な助力をいただいた。感謝申し上げたい)。

■必要な小道具

ポストイット、模造紙、筆記用具(サインペン、太字マジック)が基本の三点セットである。

ポストイットには、参加者が思いついたことを簡潔に書く。黒のサインペンで書くと読みやすい。ポストイットは、七五×七五ミリか七五×一〇〇ミリの大きさのものを用意しよう。模造紙は各グループ一枚。記入したポストイットを貼り付け、見出しを付けて、メンバーの意見を整理する。模造紙の書き込みに使う用に、水性マーカー(八色)を用意しよう。

■グループ構成

一グループ人数は、テーマや全体の人数にもよるが、五、六人程度がやりやすい。それ以上だと、話に加わらない人が出てきてしまう。

レイアウトは、向かい合って話ができること、模造紙を広げて作業ができることが条件である。

表4　ワークショップの流れ

(1)はじめに(10分)
(2)テーマに関するグループワーク(60分)
①自己紹介
②テーマの提起
③ポストイットの記入
④ポストイットを模造紙に貼り付ける
⑤それのグループ化
⑥グループで重要な意見を確認
(3)休憩と発表準備(10分)
(4)各グループの発表とまとめ(30分)
①発表
②全体でのまとめ
(5)おわりに(10分)
①今回の到達点の確認
②次回の日程などの確認など

通常の会議用机なら二本を合わせて島をつくるとちょうどよい。

■配付資料など

目標と進行のタイムスケジュールを書いた「進め方」を配ろう。これで参加者が、目標や進み方を共有できる。「進め方」には、議論のポイントも含め、ある程度詳しく書き込んでおこう。

配布資料は、多すぎないことが基本である。できる限り簡潔に図解した資料をつくるようにしよう。

■会議の雰囲気

「みんなで楽しく、真剣に話し合う、聞き合う」を基本に進めよう。

■ワークショップの流れ

二時間のワークショップでは、おおむね**表4**のような流れとなる。

実際やってみると、二時間はあっという間にたってしまう。各グループの進行状況を常に見ながら、議論が停滞しているグループには、声をかけつつ、進行管理してしていこう。

いくつかのポイントを確認すると、「はじめに」では、本日の会議の目的、趣旨の確認が大切である。

「テーマに関するグループワーク」では、テーマの出し方がポイントになる。テーマは、一般

ワークショップの様子

的なものよりは具体的なほうが、意見が出やすい。「議会のあり方」よりは、「市民と議員の対話」といったほうがいいだろう。

ポストイットには、自分の意見などを記入していくが、一枚につき一項目を厳守しよう。それぞれ自分が書いたポストイットを読み上げ、模造紙に貼り付ける。人の意見を聞いて、新たな発見をしたら、それもポストイットに書き残しておこう。ブレーンストーミングでいうところの結合改善である。

内容的に近い意見を集め、グループ化し、グループごとに見出しをつける。見出しが課題や提案の小項目となる。ここで、グループのメンバーが立ち上がり、活発に意見を出し合っていたら成功である。

「発表」では、各グループから、最も大事なことを中心に発表する。盛り上がったことも付け加えよう。発表時間は、ついつい長くなりがちであるが、一グループ三～五分程度で収めよう。

「全体でのまとめ」は、頑張りどころである。基本的には足し算の発想で、各グループが大事だと考えた意見をつなぎ合わせるようにまとめてみよう。対立意見が出ている場合は、無理矢理にどちらかに決めるのではなく、違いを明らかにすることが大事である。

「おわりに」では、今回の到達点を確認する。蒸し返しをせずに、到達点からさらに前にを前提に歩を進めることが大切だからである。

終わった後で、参加者がすぐに帰らず、あちこちで議論の花が開く場合がある。こうなれば大成功である。

・ワークショップのポイント

ワークショップの運営で、常に留意すべきポイントをまとめておこう。

① すべての参加者が、必ず一度は発言、意思表明できる機会をつくる（話すことだけではなく、書くことや挙手で賛意を示すことなども含めて）。思いがあって参加した人たちが、何も発言しないで帰るのは、もったいないことである（もっとも、これはすべての会議にいえ

ることである)。

② 情報提供を過不足なく、かつ、みんなに分かりやすく行うことにより、話し合いの土俵を整える。情報共有なくしてよい議論にはならない。情報を隠して、その場は説得しても、いずれ分かってしまい、結局、不信感を増幅するだけである。

③ 参加者が、互いの立場や意見の違いを知り、理解し合うために、聞き合いができる場をつくる。ともすると、意見をいい合うのが民主主義だとか思いがちであるが、その前に、他者の意見を聞くという姿勢を持たなければ、信頼関係も生まれず、相互の理解も進まない。

④ 進行役になったら、誰もが心を開いて話ができ、意見がいえるような問いかけ方を工夫する。それぞれが持つ意見、能力を引き出すことに留意しよう。

⑤ 数あるテーマ・論点のうち本質的な問題に絞り込み、限られた時間で中身の濃い議論ができるようにする。時間を大切にしつつ、テーマの核心を揺さぶる議論をしよう。

⑥ 適切な状況判断と柔軟な対応を行う。ワークショップにはシナリオや進行表はない(しかし、心配する必要はない)。予定調和の会議では知恵は出てこない。

・ワークショップの体験から

最後に、私のワークショップ体験を紹介しよう。

ある町で、市民の集まりがあり、市民と議員の対話をテーマにワークショップが開かれたことがあった。そこに議員が一〇名ほど参加したのである。

もし、議員が参加せず、市民だけでこのテーマを議論したらどうなったか。おそらく、議員は仕事をしない、議員の給料は高いといったステレオタイプの議論で終始してしまっただろう。ところが、議員も一緒になって議論をすると、様相が一変する。なるほど議員という仕事は三六五日勤務だというのが分かり、市民側の問題点も出てくるのである。その議員に、政策提案をしてもらうにはどうしたらよいかという話になり、出された提案は、「議員に政策秘書を置こう」というものである。これが実現するかどうかは別にして、当事者も参加して一緒に議論すると、まったく違う意見になる。顔を合わせて議論すると、建設的な意見が出るようになるのである。

これまでの自治全体にいえることであるが、苦手だからといって、私たちはまじめに議論することを避けてきた。そこから、つまらないあつれきや誤解が生まれ、それが私たちの民主主義を弱体化させてしまった。声高に自治を叫ぶ前に、まずは、身近なワークショップで、まじめに議論することから始めてみようではないか。

おわりに

本書は、〈市民力ライブラリー〉の第二弾である。今回は、学生との共著というかたちになった。

平成二〇年四月に相模女子大学に移った私は、ゼミ生がいないということもあって、授業で知り合った学生たちと共同研究を始めることにした。私が所属する人間社会学部社会マネジメント学科の学生を中心に、日本文学や管理栄養学科の学生も集まった。一人ひとりの担当条例を決めた上で、インターネットを使って、全国の地方議会宛に調査票を送付し、疑問点等があれば、それぞれが確認するという方法を取った。大半の学生が、議会事務局という存在をはじめて知ったという手探りからのスタートであった。

研究の途中では、合宿で箱根・芦の湯へ行った。箸が転がってもおかしい年代の学生たちで、笑い声いっぱいの合宿だった。今風で、同じように見える学生も、実は、さまざまで、人は一様ではないという当然のことを改めて実感した。

調査の途中で、議会事務局職員から、怒られることもあった。ちょっとした行き違いであるが、これに遭遇した学生は、逃げずに丁寧に対応したのが印象的だった。共同研究で調査手法や論文執筆のノウハウを学んだ以上に、もっと大事なことを学んだのだと思う。

平成二一年には、その成果を論文にまとめて発表した（『議員ＮＡＶＩ』第一四・一五巻、第一法規）。学生たちにとって、専門雑誌に論文を書くという体験は、そうあることではなく、大いに戸惑ったと思う。私も、自分で論文を書くよりも、ずっとエネルギーを使うことになった。本書の第Ⅱ章は、その論文を一部修正して収録したものである。本書の共同著者として、二名の学生の名前をあげたが、それは、この論文を主に書いたからで、さかのぼれば共同研究チーム全員の成果であることはいうまでもない。

自治体職員から大学教員になるにあたって決めた憲章のひとつが、縁あって付き合うことになった学生たちに、大学生活の思い出をつくるということである。相模女子大学に移っても、学生と一緒に地方に行き、まちづくりの手伝いをし、地域の人たちと交流する機会をつくってきた。

学生と本を書くというのも、そうした実践のひとつで、これまでも何冊かの本を一緒につくってきた。学生と本をつくるということは、苦労も多いが、反面、できあがったときの嬉しさは格別のものである。今回も人と会うたびに、「今度、学生と本を出す」といって回ったが、たいていはポカンとされてしまう。この感動は、伝わらない運命なのだろう。

研究当初に一年生であった学生も、この四月には四年生になる。息の長い共同研究になったが、今回、本にすることで完結となった。私は、これでまたひとつ、感動体験を得ることになったが、伝わらないのを覚悟の上で、実に嬉しい気持ちであることを伝えておきたい。

二〇一一年三月三日

松下啓一

相模女子大学共同研究チーム（敬称略）

酒井愛実	学芸学部人間社会学科	2006年度入学
渡邉理沙	学芸学部人間社会学科	2006年度入学
相馬有花	学芸学部人間社会学科	2007年度入学
古川智美	学芸学部人間社会学科	2007年度入学
飯村恵子	人間社会学部社会マネジメント学科	2008年度入学
熊谷愛理	人間社会学部社会マネジメント学科	2008年度入学
今野照美	人間社会学部社会マネジメント学科	2008年度入学
庄司有里	人間社会学部社会マネジメント学科	2008年度入学
釣井菜都美	人間社会学部社会マネジメント学科	2008年度入学
牧　さおり	学芸学部日本語日本文学科	2008年度入学
山本真愛	学芸学部日本語日本文学科	2008年度入学
山口めぐみ	栄養科学部管理栄養学科	2008年度入学

■著者略歴

松下啓一（まつした　けいいち）

相模女子大学教授（前大阪国際大学教授）。ひらかた市民活動支援センター理事，パートナーシップ市民フォーラムさがみはら顧問。専門は現代自治体論（まちづくり，ＮＰＯ・協働論，政策法務）。中央大学法学部卒業。26年間の横浜市職員時代には，総務・環境・都市計画・経済・水道などの各部局で調査・企画を担当。ことに市民と協働で行ったリサイクル条例策定の経験が，公共主体としてのNPOへの関心につながる。

主要著作

『自治基本条例のつくり方』（ぎょうせい），『協働社会をつくる条例』（ぎょうせい），『政策法務のレッスン』（イマジン出版），『図解　地方自治はやわかり』（学陽書房），『新しい公共と自治体』（信山社），『市民活動のため自治体入門』（大阪ボランティア協会），『市民協働のつくり方・考え方』〈市民力ライブラリー〉（萌書房）など。

今野照美（こんの　てるみ）

相模女子大学人間社会学部社会マネジメント学科在籍

飯村恵子（いいむら　けいこ）

相模女子大学人間社会学部社会マネジメント学科在籍

つくろう議員提案の政策条例　　〈市民力ライブラリー〉

――自治の共同経営者を目指して――

2011年3月31日　初版第1刷発行

著　者　松下啓一・今野照美・飯村恵子

発行者　白石徳浩

発行所　萌《きざす》書房

〒630-1242　奈良市大柳生町3619-1
TEL（0742）93-2234 / FAX 93-2235
[URL] http://www3.kcn.ne.jp/~kizasu-s
振替　00940-7-53629

印刷・製本　共同印刷工業・藤沢製本

©Keiichi MATSUSHITA, 2011（代表）　　Printed in Japan

ISBN978-4-86065-058-2

〈市民力ライブラリー〉第1弾好評発売中!!

松下啓一［著］

市民協働の考え方・つくり方

142ページ・本体1500円〔ISBN978-4-86065-049-0〕

■真の市民自治・地方自治を実現するための基本概念である「協働」について，数々の自治体の「協働」の推進に実際に関わってきた著者が，自らが見聞したり，経験した成功例や失敗例を踏まえ，やさしく解説。市民やＮＰＯのイニシアティブが働き，かつ実効の上がる「協働」の仕組みを提起。市民運動やＮＰＯに携わっているか否かに拘らず，あるいは所属する部課に拘らず，すべての市民，すべての自治体職員にとって必読の一冊。

●主な目次

1　協働とは何か――協働の定義
2　なぜ今協働なのか――協働の覚悟
3　協働の理論――協働の自信
4　協働の内容――協働のポイント
5　協働の政策――協働の仕組みづくり